U0115321

入門溪州

外省媳婦愛農鄉

劉克敏 著

目錄

三、有拜有保佑——習俗信仰

四、做人真實在——人物素描

七、作伙做好事——公益活動

八、逗陣來𨑨迌——旅遊景點

附錄：溪州走透透——旅遊溪州超實用指南

阿吉序

逃離與回歸

黃文吉撰

內人近幾年，常組團帶同事、朋友到溪州玩。剛開始，我總覺得溪州有什麼好玩的，對於她這樣大張旗鼓呼朋引伴，頗不以為然。

中小學這段成長過程，我一直在鄉下打滾，身上留下許多爛泥巴的印記。從牽牛餵草開始，到下田幫忙農事，凡是大人忙碌的工作，小孩子也不得閒，這是大多數出身農家子弟的宿命。

住在鄉下，環境非常髒亂。房間充滿了農具，臥室與牛舍、豬圈比鄰，前院後院又是雞鴨鵝活動的空間，牲畜糞便摻雜垃圾集中在堆肥間，夏天所散發出來的味道，實在難聞。

走在鄉間小路，到處都是臭水溝，十字路口旁是村民丟擲廢棄物的地方，有破碎的玻璃瓶、陶甕、農藥罐及生蛆的死貓死狗等等，有時必須掩鼻才敢走過。

入夜之後，全村只有幾盞路燈，微弱的燈光更襯托闃黑之可怕。不得已要到外面去，屋舍及村莊周遭都是竹叢、樹林，冬天冷風颼颼，鬼魅似乎無所無在。

農人忙碌了一天，精疲力竭，遇到小孩頑皮不聽話，他們已經失去耐性，也不習慣溝通，打罵最直接有效，左鄰右舍常傳來大人的斥罵聲與小孩的哭喊聲，聲聲刺耳。

學校上課不必雨淋日晒，但老師嚴厲無比，遲到要罰站，作業沒交要挨打，一點小錯就要被賞巴掌、拳打腳踢。在升學主義下，我們被訓練成考試的工具，按程度定標準，少一分打一下，竹鞭還算小意思，藤條伺候才魂不附體，我們真的像一群牛啊！

再會吧！鄉下！同學一梯次一梯次的逃離鄉下，考不上初中的最早離開，他們去當學徒、童工。其次是初中畢業無法升學的，也離開鄉下去外地謀生了。我是最慢離開的，忍耐讀完高中，考上了大學，終於可以逃離這個骯髒、貧窮、落後的地方。

逃離鄉下之後，每個人都有自己的境遇。都市猶如萬花筒，各行各業都必須打拚，才能獲得立足之地。我本來想要學商，希望經商脫貧，卻誤闖入中文系。在前途不被親友看好的情況下，所幸父母對大學科系不甚了解，竟然讓我優游在文學世界之中，從大學讀到碩士、博士，並能以此專長在大學謀得教職，這也是自己夢想不到的。

長期在外打拚，只有逢年過節才有機會返鄉，由於來去匆匆，對家鄉逐漸疏離，厭惡感也隨著時光變淡了。偶爾夜深人靜時，聽到〈黃昏的故鄉〉，竟也會勾起對家鄉的懷念。

想起年少時，抓泥鰍、釣青蛙、騎牛玩水，以大地為樂園。打陀螺、玩彈珠、捉迷藏，也令人著迷。還有插秧、割稻時，在田裡吃點心的歡樂。夏天夜晚，將飯菜搬到庭院，配著一輪明月或滿天星斗。飯後聽大人講八卦、鬼故事，周遭伴隨清風傳來的蟲鳴蛙唱，加上一閃一滅的螢火蟲，好不熱鬧！此外，校長親自批改同學寫的日記，主任犧牲午休到班上加強數學，導師晚上摸黑到家視察等種種景況，依舊清晰縈繞在腦際。

內人的出現，不僅豐富了我的生命，也拉近了我和家鄉的距離。內人的父母來自中國北方，她在台南出生，是一般所稱的「外省第二代」。因為學長學妹關係，使出身背景迥異的兩人產生了交集。記得第一次帶她回鄉下時，內心相當忐忑，深恐髒亂環境將她嚇跑。所幸她對鄉下陌生事物充滿新鮮感，處處都像發現新大陸一樣，從她的驚奇和喜悅中，我重新認識了家鄉。

婚後，我們隨著工作地點賃屋而居，住過基隆、大直，最後購屋落腳台北士林。從讀大學迄今，在北部生活已近五十年，他鄉似乎變成故鄉了。但每次和內人在外雙溪河濱公園散步，工人駕著除草機割草，後面跟著幾隻白鷺鷥，總讓我想起家鄉水牛耕田與白鷺鷥成群的畫面。而野草割下後所散發出來的氣味，就宛如聞到家鄉農田割稻時的芳香。

每年過年或者節慶，內人都和我返鄉。我們除了完成傳統習俗該做的事外，也趁機到溪州各處逛逛。我們沒有轎車，只好以兩輪鐵馬代步，徐徐而行在大街小巷、田間道路。往南騎過氣勢磅礴的西螺大橋，往北騎過樹蔭濃密的東螺溪車道，也曾順著濁水溪沿岸經三條村、張厝村，遠到大庄村、榮光村，再從成功村、西畔村折回來，幾乎將整個鄉繞了一圈。

最常去的是溪州街上，除了購物及享受美食外，也途經溪州森林公園小憩，或到溪州公園的森林區芬多精步道健走。內人喜歡到成功旅社，喝一杯咖啡，和充滿熱情的年輕人閒聊。有時我們騎到圳寮村純園，拜訪在樹仔園工作的吳晟夫婦，聽了他們的種樹理念及一些翻轉農鄉的故事，不禁肅然起敬，感謝這些留在鄉下長期為家鄉打拚的朋友。

歸來吧！溪州子弟！當你回來時，將會發現溪州變了，村莊的道路經常有人打掃，非常乾淨，路旁花臺所種的花木，也定期有人修剪，相當美觀。有的三合院古厝保持良好，可以發思古之幽情；有的改建後的透天樓房，比起都市裡的豪宅毫不遜色。夜晚可在村裡悠閒散步，明亮的路燈是安全的保證。最好你騎著腳踏車，到原野走一回，重劃後的農田道路，都是非常理想的自行車道，綠油油的稻田，或金黃色的稻浪，不同季節都在向我們招手，何必再猶豫呢？

內人入門溪州以來，不僅對農鄉的事物感到好奇與喜愛，與左鄰右舍、親朋好友也都有良好的互動，尤其她從教職退休之後，為了將溪州的美好與北部的同事、朋友分享，常組團到溪州旅遊，自己親自導覽。經過多次的導覽經驗，她覺得有必要透過文字，讓更多人認識溪州。於是蒐集資料，動筆將她對農鄉的觀察與體驗，娓娓道來。常言道：「當局者迷，旁觀者清」，我因為受限於舊經驗，對農鄉的感覺似乎麻木了，而內人來自外地，對農鄉的感覺異常敏銳，她所寫的每一篇文字導覽，或許就是溪州的最好入門吧！

黃文吉：溪州鄉坑厝村人，國立彰化師範大學台灣文學研究所及國文系所合聘教授退休。

自序

以前，我是個「都市俗」，沒到過農村，直到大學和系裡的學長——阿吉相遇，才開始認識他的故鄉。阿吉從小在彰化的鄉村長大，和我生長的城市有很大的差距，但並不妨礙兩人相知相惜，而步上了紅毯。入門溪州之後，農村這個陌生的名詞，正式走入我的生活，開啟我的視野，甚至改變了我的人生藍圖。

婚後我和阿吉忙於教書工作，婆婆北上幫我照顧二個女兒，阿吉和母親的日常對話，經常提及家鄉和農事。逢年過節我們也會帶孩子返鄉，返鄉即是回到另一個家，所以農村已經和我的生活緊密連結。我來自外省家庭，從小在眷村長大，對於鄉下的紅眠床、五斗櫃、老甕、石臼、謝籃、碗盤……等隨處可見的古物，充滿好奇與驚嘆，所以返鄉挖寶，成為我的生活雅趣。

退休之後，隨著返鄉的次數增加，單車漫遊於稻浪起伏的田間小路，或到吳晟老師的純園泡茶聊天，或在溪州公園森林區健走，或去溪州街市探尋古早小吃，或將嬉遊版圖攻略至鄰近鄉鎮。優游自在的鄉村生活，讓都會的朋友們欣羨不已。

好東西要和好朋友分享的念頭興起之後，我開始規劃景點行程、聯絡農家採摘蔬果、安排農村古早料理和住宿事宜，完全獨自作業。

二天一夜的溪州微旅行，朋友們對農鄉的印象顛覆以往，留下美好的回憶。

近年來溪州歷經中科四期搶奪農業用水，以及彰南產業園區變更農地為工業區，為了護水源反汙染，鄉民強烈抗爭多時，終於成功捍衛了家園。抗爭事件落幕之後，鄉民結合一群年輕人興起為環境努力的想法，開啟了生態復育和友善耕作的計畫。我看見翻轉農鄉的力量，正在蓄積醞釀。因此去年決定以書寫方式，描述溪州的各種樣貌，讓更多人了解農村的蛻變與成長。

昔日農村人多、竹林多、三合院多。如今人口外移、竹林被砍、三合院破損，農村景觀隨著時代遞嬗而不斷改變。台灣農村普遍面臨人口老化和外移的困境，農村經濟發展困難，是以農業如何再生和永續，成為今日最重要的課題。近年來，家鄉農民開始打造安全的生產環境，朝永續農業發展而努力。鄉公所於民國一〇六年通過溪州產地認證標章，讓濁水溪滋養的農產成為安全合格的在地品牌，並能行銷全國各地。

溪州今昔變化甚巨，先後有不同族群在這塊土地上奮鬥。先民開荒墾地，與洪水爭鬥，面對艱險的絕境，民間信仰成為農民的心靈寄託。濁水溪夾帶著大量養分流經溪州，吾鄉成為彰化的大穀倉，盛產稻米和其他作物。鄉人出錢出力提供老人共餐，並讓幼兒園小朋友吃到在地無毒食材，實踐老吾所老、幼吾所幼的精神。鄉民勤儉持家，生活單純簡樸，是現代人追求的精神價值。

溪州小而美，隨著季節不同，擁有最美的花道、校樹和百年老樹，還有全台最大的平地公園、高檔的私家園林及彰化最美的派出所。一望無際的稻浪，是鏡頭裡最吸睛的背景。街市小吃店隱藏了農村最古早的風味，而且銅板價格就能讓人大快朵頤。當然最吸引人的是鄉下的人情味，村民的憨厚熱情，才是最美麗的風景。

本書每篇文章都可單獨存在，今依其內容分為：溪州今昔、溪州特產、習俗信仰、人物素描、抗爭與蛻變、農村生活、公益活動、旅遊景點等八個主題，每個主題收錄文章少則五、六篇，多則十幾篇不等。書末並以交通資訊、節慶活動、溪州小旅行&農村體驗活動、美食介紹、住宿指南、景點地圖等實用的導覽當作附錄，希望對讀者遊溪州時有所幫助。

溪州，不是我生長的地方，卻是我心靈的故鄉。以不同視角觀察農鄉，我發現美感距離下的溪州，有令人驚艷的一面，於是我騎鐵馬

踩遍濁水溪畔，我用文字敘寫鄉村風情。通篇文章敘寫家鄉的人事地物，卻也是台灣農鄉的縮影。如果讀者想認識農村生活，這本溪州的入門書籍或可窺見一斑。

本書能夠完成，最感謝的人是我的溪州鄉親，他們默默為這塊土地打拚奉獻，是家鄉的無名英雄。書裡經常出現的人物——阿吉，他是單車漫遊鄉野時，使命必達的導遊，也是我寫這本書幫我出謀獻策的最佳顧問。阿吉說我們兩個人是「一個乩童，一個桌頭」（神明降駕，必須要靠桌頭來解釋或代言）。我卻認為變形金剛要合體之後，才能戰無不勝。另外，還要感謝吾鄉詩人吳晟為本書更正訛誤並給予許多寶貴意見，以及巫宛萍小姐、溪州鄉公所、我愛溪州團隊等提供珍貴的照片，讓本書更具可讀性。還有為本書寫推薦語的朋友，在此一併致上最深的謝忱。

一、溪中沙洲傳奇

——溪州今昔

溪州的由來與發展

溪州是我的婆家，每當向朋友提起溪州時，有人會問：「州為什麼沒有水字旁？」有時看到溪州相關的新聞報導，偶爾也會發現「州」被寫成「洲」。這不能怪他們，「溪」有水，加水的「洲」似乎比較順理成章。

溪州鄉公所。圖／黃文吉、劉克敏　提供

早期東螺溪是濁水溪的主流，本鄉位於東螺溪與西螺溪之間的氾濫平原，所以稱之為**「溪洲」**，**即「溪中的沙洲」之意，後來才改為「溪州」**。既然名稱已經定了，就不應該再給「州」加水了。全台名為「溪洲」的地名約有十幾處，唯一用沒有水字的「州」即是本鄉，而其他稱為「溪洲」者幾乎都是村落。

溪州為彰化縣最南端的鄉鎮，南隔濁水溪與雲林縣相望，北鄰北斗鎮，東鄰二水鄉與田中鎮，西接埤頭鄉與竹塘鄉，面積居全縣第三，人口有三萬多人，全鄉共十九個村。

荷蘭與明鄭時期，溪州即有平埔族「巴布薩族」在眉裏社（今舊眉村）聚居生活。巴布薩族主要分布在彰化平原，為男女平等社會，男性捕魚獵鹿，女性則從事農業與家事，彼此分工合作。他們不吃牛肉、狗肉，喜歡喝酒、唱歌跳舞，後來與漢人接觸，學會了種植水稻的方法。

清朝將台灣併入版圖之後，漢人不斷移民，溪州也逐漸開發，乾隆時，即有三條圳庄（今三圳、三條兩村），屬於東螺堡。外子阿吉的祖先於乾隆三十年（一七六五年）從福建漳浦來台，落腳在今坑厝村，以墾地種植為生。經過漢人的不斷擴充，道光年間增加了溪

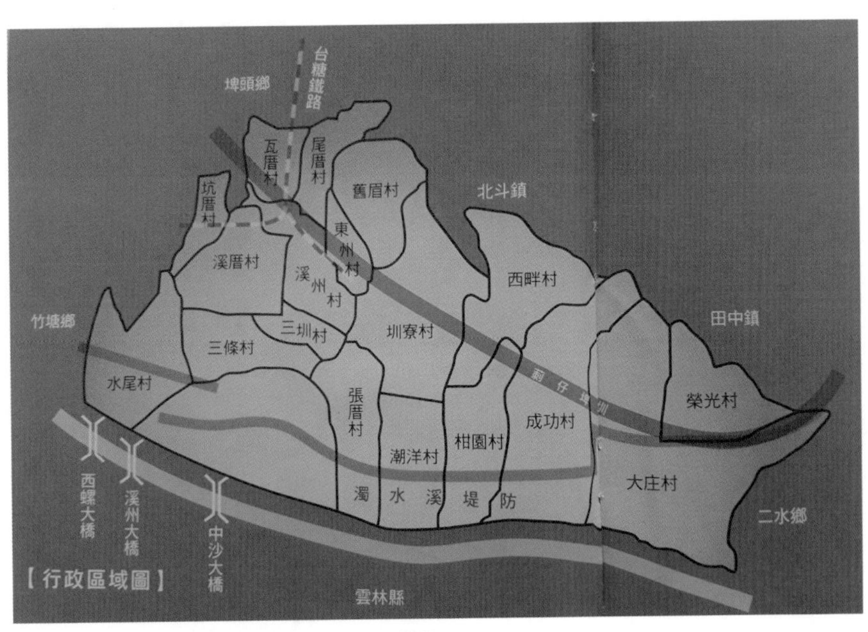

溪州鄉行政區域圖。圖／溪州鄉公所網頁　提供

州庄（今東州、尾厝兩村）、舊眉庄、溪墘厝（今溪厝、坑厝兩村）、下水埔（今大庄村、榮光村等地）、頂下埧（埧為壩的簡寫，即下壩村）等村莊。而住在眉裏社的巴布薩族原住民，大概受到外來人口的擠壓及官府招募平埔族入墾埔里，也在此時離開溪州，移居埔裏社下梅樹腳（今埔里鎮北梅里）。光緒年間，因溪州的居民越來越多，於是自東螺東、西堡分出溪州堡，後又增加了水尾庄、圳寮庄、西畔庄、過溪庄（今柑園村）等村莊。

日治時代，溪州起初屬於台中縣彰化支廳北斗辨務署管轄，後所屬改名彰化廳北斗支廳。實施區制後，本鄉分為下壩區和舊眉區，下壩區轄有下壩庄、圳寮庄等五個庄；舊眉區轄有舊眉庄、溪州庄等六個庄。後實施市街庄制，將下壩區和舊眉區合併為溪州庄，隸屬台中州北斗郡，設庄役場於今日的溪州村。

戰後國民政府來台，行政區域並未變動，僅改庄為鄉，改庄役所為鄉公所。本鄉隸屬於台中縣北斗區，鄉內分設溪厝、坑厝、瓦厝、南州、溪州、尾厝、東州、舊眉、圳寮、西畔、下壩（民國四十四年改名「成功」）、大庄、柑園、潮洋、張厝、菜公、三圳、三條和水尾等十九村。

民國三十九年，台灣實施地方自治，本鄉直屬彰化縣。後來行政院國軍退除役官兵輔導委員會在大庄村設立彰化農廠及榮民工廠，因此人口激增，遂於民國五十七年將原有大庄村分為大庄和榮光二村。而南州村因台糖總公司搬離，人口漸少，於民國六十七年併入溪州村，所以目前仍維持十九個村。

先民剛到溪州時，並無「溪州」的名稱，而名之為「香蕉腳」。往昔風光一時的台糖糖廠、小火車、西螺大橋，如今皆已落幕或是被取代。繼之而起的有溪州公園，吸引許多外地遊客，帶動了在地的觀光事業。本鄉的經濟活動目前仍以農業為主，耕地面積約有四千公頃之廣。近年來，農村逐步朝向轉型發展，推廣友善環境耕作、產地認證標章、農村體驗旅行、整合行銷農特產……，創造更多農村的生機與商機，帶動溪州鄉整體的產業發展。

莿仔埤圳。圖／黃文吉、劉克敏　提供

母親之河——濁水溪

阿吉回憶小時候，總喜歡利用假日，成群結黨到濁水溪的圳溝戲水，雖然大人再三警告會被水鬼抓去，孩子們仍甘願冒著被毒打的後果，躍入溪水，直到嬉戲結束，等衣服晒乾了，再若無其事的回家。

阿吉家的田，一塊是引濁水溪灌溉，另一塊是沒有濁水溪灌溉的溪埔地。二塊田地生產的稻米煮成白飯，入口即能分辨。喝濁水溪水長大的米粒，特別香Q好吃。因為濁水溪的水含有上游山區沖刷下來的黑質泥土，使原來貧瘠乾旱的砂礫地，變為肥沃良田。

未築堤防前的溪州鄉，每逢颱風大雨，溪水氾濫，居民苦不堪言。日治時期（一九〇七年），於溪州鄉大庄村進行修建莿仔埤圳工程，圳渠流經溪州、埤頭、二林及芳苑四鄉鎮，並延伸許多小圳溝，是台灣第一個官設埤圳。

一九一一年濁水溪平原氾濫成災，日本人分三期進行濁水溪整治工程，濁水溪護岸堤防至一九二〇年完工，總長度達七十六公里。民國以後，又多次延長並加高堤防建築。有了堤防之後，濁水溪流域肥沃的土壤，孕育的「濁水米」和各類蔬菜瓜果，成為台灣重要的農業區。

昔日的濁水溪流經彰化、雲林，共有四條分流：東螺溪、西螺溪、虎尾溪、北港溪，其中東螺溪是主流，溪州即位在東、西螺溪之間的沙洲。後來東螺溪淤沙

西螺大橋下的濁水溪。圖／黃文吉、劉克敏　提供

漸多，河道阻塞，西螺溪堤防完工後，成為單一河道，西螺溪即是今日濁水溪下游段的主河道。

濁水溪發源於海拔三千多公尺的合歡山主峰與東峰之間，全長一百六十八公里，是全台最長的河流，橫跨中部南投、彰化、雲林三個縣。濁水溪的下游，流經彰化與雲林的鄉鎮：北岸有二水、田中、溪州、竹塘、大城；南岸有林內、莿桐、西螺、二崙、崙背、麥寮，最後流入台灣海峽。

濁水溪有七個月的枯水期，流量極不穩定，如今農業與工業又互相搶水，導致濁水溪長年枯竭。台塑六輕工業區取走集集攔河堰百分之六十的水源，每天使用三十多萬公噸，嚴重排擠農業灌溉及民生用水，農民及自來水公司因而大量抽取地下水，造成雲彰地區的地層下陷，並使高鐵的營運受到威脅。再者，濁水溪枯水期增長，無水流排放，河川揚塵加劇，進而造成濁水溪沙漠化的問題。因此當地的空氣品質，已達到有害健康的程度。

台灣經濟起飛，濁水溪河床上的砂石，被視為取之不竭的黑金礦，因此成為砂石業的大本營。中下游沙土越掏越深，上游土石崩解更快。如今濁水溪這條母親之河，因為人為的過度開發，生態完全改變了。台灣諺語說：「一坵田，八百個主人」，**我們只是這塊土地過渡期間的保管人，濁水溪供應我們如此豐富營養的乳汁，如果不好好的善待她，未來恐怕將付出慘痛的代價。**

溪州糖廠

溪州糖廠「黑白管」。圖／巫宛萍　提供

我們經常踩著鐵馬到市場，不外乎採買或是獵食。阿吉總會帶著我穿過附近的公園，公園面積很大，老樹成蔭。阿吉說這裡曾經是溪州糖廠的原址，而今所有房舍早已拆除，只剩下少數當年蓊鬱的樹林。部分廠區在民國七十一年改建了國宅，名為「溪糖社區」。

明治四十二年（一九〇九年），台灣富商林鶴壽在溪州設立「林本源製糖合名會社」，中央路兩旁的民地，被強制徵收為糖廠的農場地。在「南糖北米政策」下，日人招募大批農民種植甘蔗和開墾工作。會社所屬的農場，遍植甘蔗，也獎勵民間種植。當時為了運送甘蔗，以糖廠為中心，在各地鋪設鐵道。

農民以人力栽種甘蔗，過程中必須在燠熱的蔗林間，將蔗葉剝除乾淨。甘蔗採收後以牛車載往蔗埕，再用小火車運往糖廠榨汁製糖。

半個世紀前，阿吉就讀北斗初中。每天清早要到路口的小火車站，趕搭七點鐘開往田中的小火車，中途在北斗下車，再徒步至學校上課。小火車有部分路線用來載客，但是最主要的任務，還是將各地採收的甘蔗運往糖廠。

日治時期，溪州製糖所屬的農場有七處，面積涵蓋今天的溪州和二林、竹塘、大城等，

溪州車站老照片。圖／巫宛萍　提供

有一千多甲農地，每日壓榨的甘蔗量二千七百公噸。鐵道原有二十二線，穿梭在七個農場之間。當時運送甘蔗的小火車，也就是通稱的「五分仔車」。

二戰時糖廠被美軍轟炸，滿目瘡痍，受損嚴重。戰後廠區重新整修，並改名為「溪州糖廠」，恢復製糖。民國四十三年彰化糖廠與溪州糖廠併入「溪湖糖廠」，溪州的製糖工廠正式關閉。現今的溪州市區，早年叫作「會社街仔」，足見街民的日常生活離不開糖廠。糖廠有二根黑白煙囪管，溪州人以「溪州糖廠，黑白管（講）」來消遣別人胡說八道，如今黑白管遺跡已不復見。

五分仔車行駛老照片。
圖／溪州鄉公所網頁　提供

民國四十四年台糖總公司部分處室遷至溪州糖廠廠區辦公，不再生產的廠房改為辦公或員工訓練所之用，日式宿舍分配給員工居住，台糖員工的子女就近可讀南州國小。**直到民國五十九年台糖總公司遷回台北，這段期間曾經是溪州鄉的繁盛期。**

後來台糖公司急遽減產，開始大量出售土地，開發住宅區等，並砍伐不少的珍貴老樹，同時拆除糖廠的日式宿舍，廠房機具變賣至東南亞。直到民國八十八年，台糖部分土地歸入鄉公所，多年閒置的糖廠部分土地，才被改建為今天的「溪州森林公園」，提供鄉民休閒運動的場所。昔日糖廠帶來溪州短暫的榮景，而今只留下一些老樹，依舊昂然矗立著。

客家人在溪州

婆婆常說：「我阿公是客家人，我阿媽是福佬人。」我好奇的問婆婆為什麼不會講客家話。婆婆的回答更是讓我不解：「我們全村都說福佬話，沒有人在說客家話。」

廣二、廣三巷。圖／黃文吉、劉克敏　提供

婆婆娘家姓詹，是竹塘鄉各姓氏之中的第一大姓。根據族譜記載、宗教信仰等，都可證明他們是客家人。但是不知何時，整個村莊被福佬人同化為「福佬客」了。

福佬即是福建人，人數眾多且移民較早，在早期台灣居於強勢地位，因此許多客家人「孤鳥藏人群」，艱苦中為求生存，只好放棄自己的語言。

日治時代，日本人在二林地區設立源成農場，林本源家族也在溪州設立糖廠，因此向北部客家人招募，前來溪州墾植甘蔗及製糖。大正八年（一九一九年），濁水溪築起堤防，溪水不再氾濫，原東螺溪（舊濁水溪）河床形成廣大的新生地，原本荒埔砂礫地，變為富庶良田，許多客家人因此移入開墾，在此落地生根。

阿吉的小姑媽嫁到溪厝村的客家莊，小姑丈是客家人。小姑媽本來不會說客家話，後來卻說得很流利，生活方式也隨著婆家而改變。小姑丈曾在濁水溪的河床沖積沙地種植西瓜，卻遭逢大雨，即將收成的西瓜都被沖走，血本無歸。小姑丈諸事不順，只好變賣家產搬到外地去討生活。

溪州最大的客家莊在西畔村，其中廣一、廣二、廣三巷的居民都是客家人，在日治時代從中壢遷徙過來，目前約有一百多戶人家，居住的地方舊名為「九甲」，自然形成了一個「客人莊」。後來，有些福佬人也搬入客家莊居住，客家人便逐漸福佬化。

位於舊濁水溪畔的成功國小西畔分校，學生有八成是客家子

成功國小西畔分校。
圖／黃文吉、劉克敏　提供

傳統客家文化生活學園。
圖／黃文吉、劉克敏　提供

弟，多為廣一、廣二、廣三巷的學童，因此彰化縣政府就將它規劃成「傳統客家文化生活學園」，作為客家語言保存和發揚客家文化的種子學校。

溪州鄉的客家人沿濁水溪岸分布，如三條、三圳、菜公、潮洋、張厝五個村的廖、包、黃姓人家皆是福佬客，在溪州鄉占了將近一半的客家人口。另有張廖姓，他們是來自福建詔安的客家人，因此三條村有奉祀「三山國王」，也就不足為奇了。此外，圳寮村也有一個客家莊。

客家先祖因北方動亂，歷經五次大遷移至南方定居。如今面臨以國語和福佬話為主的台灣社會，客家語言及文化更加速式微。尤其中南部地區的客家人較少，語言與風俗很快地被取代和同化。客家文學家鍾肇政說：「客家話一旦消失，客家人就消失了。」他認為客語很重要，因為**母語是一個文化的記憶體，很多客家文化的傳承、族群的團結，都要靠母語溝通和延續**。客家人的勤儉持家、刻苦耐勞的硬頸精神以及在語言、風俗習慣、文化藝術方面，都保留了中原古風、守禮重義、敬重文化的特質。

台灣現在面臨客家族群身分認同、客家語言和文化流失的危機，恢復客家本色，應是這一代客家子弟的歷史責任吧！

光之憶紀錄片海報。圖／巫宛萍　提供

光之憶——榮光村記錄

溪州鄉公所想要推動社區營造計畫，邀請導演邱明憲以紀錄片方式，喚回村民曾經在榮光村生活的記憶。而早期開墾的榮民如今只剩三位，彰化農場與榮民工廠也已荒蕪，村史紀錄闕如，且昔日照片因水災而毀損。邱明憲經多次的訪談和調查，終於讓榮光村的故事漸漸成形。

榮光村是溪州鄉濁水溪畔的眷村，大陸撤退初期（民國四十一年），國防部在此地設立農場，將一些榮民安置這裡開墾。一位榮民回憶說：「當時這裡沒有房子，都是石頭，我們搭草棚整地蓋房，後來結婚生子，落地生根。」之後政府又在此地成立榮民造紙工廠，以及製造工程材料的預鑄廠，為地方帶來短暫的繁榮，榮光村曾經是全鄉人口數最多的村落。後來工廠停工後，人口快速萎縮。鄉公所於民國一〇六年向文化局申請占地十四公頃的彰化榮民工廠，成為文化資產。

政治大學指南團在四十年前（民國六十七年至七十年）的暑假，來到這裡指導學童作業，帶團康活動，甚至幫學童抓頭上的虱子。主辦單位特別邀請三十位隊友回來參展，如今已為人父母的村民，看到闊別已久的大哥哥、大姐姐們，回憶起當年大學生帶給他們的歡樂和指導，都感動不已。

天主教馬道南神父在偏遠的榮光村建立佈道所，除了傳教，也照顧地方貧弱居民。馬神父並曾在烏日成立力行修車廠，讓當地居民多了一種就業選擇，而當年傳教士所建的佈道所，如今也已夷為平地。

開天宮是榮光、大庄兩村主要的廟宇，居民虔誠信仰廟裡主祀的神明——鄭成功與玄天上帝。兩村六十五歲以上的居民，每天中午開心的來到廟前共食，而行動不便的居民，則以送餐方式供應。志工們八點開始就在廚房清洗烹煮，十一點半開始供餐。共食食堂不僅照顧村裡長者的溫飽，以無私的愛關懷他們，才是最主要的目的。

彰化農場。圖／黃文吉、劉克敏　提供

來自國外的何馬可牧師和志工們，會定期來到這裡為鄉民按摩、理髮、聊天。當孩子們到外地打拚的時候，牧師和志工們為村裡孤獨無依的長者，帶來溫暖的冬陽。

鄉公所去年（民國一〇六年）在榮光圖書館分館開幕之時，舉辦社區營造工作坊，以及在地影像的創作活動。在社區故事發表會上，不少人看到泛黃的照片和紀錄片——光之憶，又驚又喜：「當我看到照片裡四十年前的自己，內心非常震撼。」

戰亂讓一些榮民來到濁水溪畔定居下來，把荒地闢成良田，並在此繁衍下一代。榮光村曾蓋了農場和工廠，居民多了就業機會。之後，政大學生服務團來此輔導學童功課，天主教神父也在此宣教濟貧。如今，村裡有老人共食和社團服務的關懷。**這些外來的支援，如一道道光束照入黑暗的角落，為偏鄉點亮了希望。導演邱明憲拍攝的紀錄片，讓榮光村的子弟重返記憶的旅程。**未來，榮光村還有許多故事沒有說完，希望能夠持續記錄下去，留下更光榮的印記。

榮光圖書館照片展。圖／巫宛萍　提供

榮光村活動中心。圖／黃文吉、劉克敏　提供

古厝映斜陽

朋友來到我家鄉下三合院，對古厝的建築，和老房子裡的檜木衣櫃、桌椅、紅眠床等家具，無一不感到好奇。

作者婆家的三合院。圖／黃文吉、劉克敏　提供

每當一間間的格局走完，穿過最底間的灶腳，來到後院菜園。站在菜園中間，目光越過圍牆之外，總會傳來一陣驚呼聲：「哇！好美的古厝！」「咦！怎麼沒有人住呢？哎呀！草好長，真是可惜。」當他們知道村長的後代早已遷離，「妳就介紹朋友把這間古厝買下來吧！」朋友們總是如此獻計。

這間古厝曾幾何時，變成如今的荒涼孤寂？以前返鄉過年，大清早刷牙，面對一牆之隔的古厝，經常看見一群孩童在中庭嬉戲，大人們忙進忙出，準備過年的一些家務。這幾年返鄉，忙完之後，隨即回台北，沒有察覺到古厝的長輩們已陸續離世，後代子孫也漸漸遷移。

直到有一天，阿吉抱怨著：「村長家的蔓藤爬過圍牆，纏繞我們的菜園和木瓜樹，若不除掉，我們後院會跟他們一樣，成為廢墟。」

婆婆說村長在過去被稱為保正，也算是村裡的富豪。鄉親們以古厝的建築型式，就可判斷這一家族擁有的財力。村長的三合院呈ㄇ字型，是由廳堂和兩道廂房（護龍）所組成，和一般三合院形貌相似。

古厝屋脊有仙人走獸或花草圖案，以剪黏古法剪貼彩色瓷片，或是鏤空花磚作為裝飾，屋脊兩側是向上揚起的燕尾。屋簷有雕飾華麗的斗拱、雀替、吊筒等，門扇則是一

大姑媽的三合院古厝（上圖）。
村長的三合院古厝已被雜草包圍（下圖）。

大姑媽的三合院廳堂書法。
圖／黃文吉、劉克敏　提供

級檜木製作而成。廳堂的牆面是土黃色帶有溝紋的丁掛磚，日治後期為了避免面磚光線反射被敵人發現，因而流行這種建材。

村長的古厝在落日餘暉中兀自挺立，門窗深鎖，院落的赭紅地磚雜草叢生。**昔日的盛景，悄悄地已被蕭條荒涼取代。**

大姑媽的古厝在我們村裡也是傳統三合院建築，聽說有很多外地人曾到他們的廳堂參觀和解說。推開板門，兩側牆面塗以水墨彩畫，並保有珍貴的書法作品。聽說前人以書法來搭配牆壁的景物，或以書法文字隱喻屋主的風骨涵養。

昔日返鄉，偶爾會繞到大姑媽家聊天，大姑丈的眼睛始終離不開日本的摔角節目，大姑媽會從廚房端出我愛吃的草仔粿、紅龜糕。然而，老人家縱使高壽（姑媽享壽九十四歲），畢竟不敵歲月的摧折。不過數年光景，鄉里的老人家越來越少，古厝裡的燈火也漸漸稀微黯然了。

全國首座森林墓園——靜心園

靜心園的詩碑。圖／巫宛萍　提供

阿吉回憶少年時候，每次到溪州街上，經過溪林路與中山路之間的第一公墓，總會被雜亂陰森的景象，嚇出一身冷汗。

「**種一棵樹，取代一座墳墓／植一片樹林，代替墳場……**」溪州鄉第三公墓（圳寮公墓）的石碑刻了吳晟的詩句，它描繪了「森林墓園」的願景。**吳晟希望家鄉雜亂的墓園，將**

靜心園。圖／黃文吉、劉克敏　提供

來蔚為一片蓊鬱的森林。

溪州鄉第三公墓占地八．五公頃，是全鄉最大的公墓。公墓的土葬情形逐年減少，許多墓地雜草叢生，因此鄉公所逐步縮減土葬範圍，並公告禁葬區域。舊墳到了規定年限，便勸導撿骨，不增新墳，釋出的土地規劃為「森林墓園」。

溪州鄉長黃盛祿指著周圍的荒地，他說：「這些墓地沒有整頓，任其荒廢，容易被人傾倒垃圾和廢棄物，反而成為髒亂之源。」鄉內多處公墓因後人撿骨入塔及現在火葬盛行，空出許多閒置土地，鄉長於是和吳晟討論，將圳寮公墓轉型為「森林墓園」。

吳晟自教職退休之後，在自己的二公頃農地上，種植了數千株台灣原生種樹木，並不斷推廣「種樹護土」的觀念。堅持不噴農藥和除草劑，僱請工人整頓維護，因此退休俸也多投注在這片樹林。為了實踐墓園森林化的理想，吳晟捐贈了四百多棵台灣原生種烏心石給圳寮公墓。

第一階段園區，佔地一．五公頃，由在地鍾姓企業主捐錢支持。友達光電董事長李焜耀得知吳晟的理念，也贊助第二階段植樹經費兩百萬元。並先後兩次到吳晟家中開會討論，全力支持「森林墓園」行動。

過去廖永來在台中縣長任內，為了推動「平地造林」，耗費了八、九億元徵收土地，鼓勵縣民多種樹木。現在如果推動公墓用地造林，土地不必徵收，只需種樹的經費，大的公墓頂多上千萬元，小的公墓只要數百萬元。廖永來說：「每個鄉鎮多出一片綠地，全島就可以擁有千頃林地了。」

吳晟提倡「森林墓園」的觀念，與內政部的環保自然葬，理念一致。過去常見的傳統葬禮，對台灣這個小島而言，耗費太多土地資源，因此政府近年來逐步推廣環保葬。也就是說，人死亡後不立碑、不造墳，採用樹葬、花葬、海葬、植存等方式安葬骨灰，因此土地可持續循環利用，而森林墓園不但改善當地環境，更重要的是減緩地球暖化。

人的觀念改變了，作法就會改變，環境、生活也才會真正改變。過多的墓地還給大自然，島內每個鄉鎮的公墓變成一座座森林，未來將有更多綠地和休憩空間，國土將能夠永續發展與利用。

保護環境，是每個公民的責任，也是為後代子孫著想。**溪州鄉公所開先例，將第三公墓遍植樹木，打造為全國首座森林墓園——「靜心園」。溪州創造了農村的新價值，是台灣生態農村永續發展的佼佼者。**

二、好東西要分享

——溪州特產

友善耕作的尚水米

尚水米契作農田。圖／黃文吉、劉克敏　提供

溪州的濁水米好吃，是鄉人心目中尚水（最美）的米。溪州鄉民在護水行動之後，由農民、守護水圳成員共同成立「溪州尚水友善農產公司」，民國一○二年開始推動友善耕作方式照顧田地，並與在地的莿仔埤圳協會策劃「水田溼地復育計畫」。詩人吳晟在自己的二公頃土地上種植台灣原生種樹林，十多年來不噴灑農藥和除草劑。水田溼地復育計畫即是以此作為生態復育基地中心，並連結周圍的農田，恢復應有的生態環境。

溪州尚水友善農產公司，是由農民及支持農民的消費者共同組成的友善農業平台。不計稻田最終收成量多寡，每分地以合理價格保證收購，**讓農民在沒有收成量的壓力下種植水稻，不施化肥、農藥和除草劑，打造豐富的水田溼地生態。**

水田溼地的生態復育，還建置了生態池、蝙蝠屋。農委會特有生物研究保育中心進行生態調查，發現田間出現許多生物，包括保育類的彩鷸、鳳頭蒼鷹，以及罕見的金黃鼠耳蝠。另外蜻蜓、青蛙的數量也比以往多，足見水田溼地已漸漸成為不受汙染的環境。

尚水米的契作面積目前已增至十甲，有十六位農友加入保價契作的行列。一年兩期稻作，等於有二十甲的產量。雖然稻作面積增加，產銷若無法平衡，將會造成稻米庫存的壓力。為了重新調整產銷問題，尚水農產公司提議部分農地休耕，除了農糧署提供休耕補助，公司另外提供生態補貼，讓農友在休耕期間不用除草劑，維持友善環境的田間管理。幾位休耕農友並提議在二期作嘗試種植大豆，間接促成當地的水旱輪作方式，取代部分休耕的狀態。

尚水農產公司經理陳慈慧說：「過去農村要用很多農藥化肥，卻不見得有好的收入，農業價值不應該只來自於產量，我們想試試能不能打破這個循環。」於是尚水農產公司以「保價收購」方式，化解農民對友善耕作收穫量少的隱憂，由公司承擔盈虧的風險。慈慧這群年輕人是和農民並肩努力的夥伴，他們扛起了把米賣出

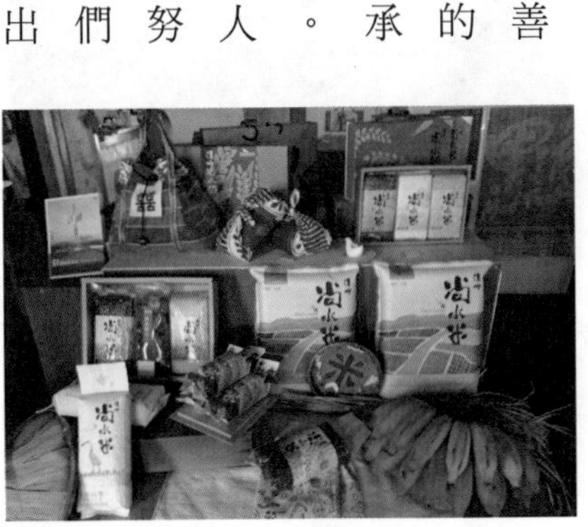

尚水米。圖／黃文吉、劉克敏　提供

去的重責大任。目前已有二百多位會員長期認購，另外，他們還要增加企業團體認購及餐廳、網路行銷的銷售量，讓更多人看見「喝濁水溪奶水長大，不受汙染的稻米」。

尚水農產公司曾參加台灣博物館舉辦的「田裡有腳印市集」，推廣銷售溪州尚水米。前副館長林華慶說：「希望民眾不只是買一包，還可以長期認購，讓尚水農產更容易掌握數量，規劃更縝密的產銷計畫，並且累積更多與農友契作的能量。」

吳晟老師每次到各地演講，總會扛著幾包尚水米去，在講演結束的時候，順便推廣溪州尚水米的理念，並懇請大家支持。吳老師擔憂稻米的滯銷與庫存問題，不比他長期以來為民主、為護水、為反汙染的抗爭活動，費心的程度少。這也是吳老師心裡，另一個「負荷」吧！

感謝使用尚水米。圖／巫宛萍　提供

黑鑽之稱的紫黑米

紫黑米看板。圖／黃文吉、劉克敏　提供

「哇！葡萄色的米飯耶！」女兒第一次吃到有黏性、口感帶嚼勁的紫黑米與白米混煮後，興奮的說。此後，她經常要求我做一些紫黑米點心，帶給朋友們分享。女兒上網查知黑亮亮的黑糯糙米，膳食纖維是一般白米的八倍，熱量低有飽足感，還能減重。「爸媽上了年紀更應該要多吃，紫黑米能降低高血壓的風險，避免動脈硬化喔！」女兒好意提醒。

溪州鄉濁水溪沿岸栽種的紫黑米有八十公頃之廣，濁水溪流經的土質肥沃，含有多種礦物元素，因此紫黑米成為在地極富營養價值的農特產品。紫黑米是黑糯糙米，不像一般糯米難以消化，可與白米一起煮食當作正餐，也可做飯糰、米糕、八寶粥。炊煮前不需浸泡，以避免營養成分的流失，洗米水會呈現紫黑色，是正常的現象。

為了保存紫黑米的營養成分，採收時不做精緻加工，保留了外層紫黑色麩皮，含有天然的花青素、維生素、蛋白質和微量元素，營養價值甚高，熱量卻低於一般的白米。**這幾年國人重視養生觀念，紫黑米越來越受民眾喜愛，因此帶給農民不少的獲利價值，是名副其實的「黑鑽」。**

「每季稻株受粉時，遇低溫或強風攪局，受粉若是失敗，產量將會大減，因此種紫黑米就是得看天吃飯。」農民苦惱的說。紫黑米的產量飽受天候影響，因此收購價格比一般白米高。但是溪州鄉尚水農產公司表示，同樣是友善耕作，紫黑米的詢問度卻高於白米，可見紫黑米受歡迎的程度。

溪州的紫黑米有包裝禮盒，另外還有紫米麩、紫米露皆可當

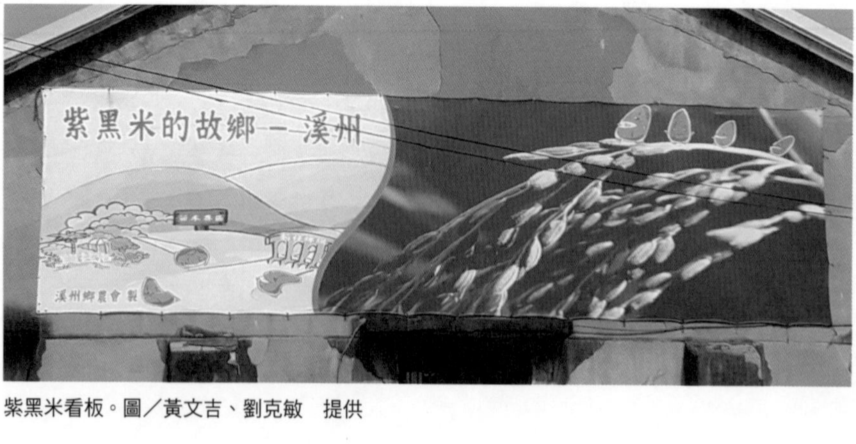

紫黑米看板。圖／黃文吉、劉克敏　提供

作禮物贈送親友，既實惠又大方。如果想要訂購檢驗合格，沒有農藥、除草劑和重金屬汙染的紫黑米，可以上網比較選購。溪州鄉農會的家政班曾舉辦紫米教學，教做甜粥、芋頭米糕、珍珠丸、壽司……等各式點心。主婦們平時在家料理，以下簡單易做的紫黑米食譜，可供參考：

1.紫黑米養生飯：紫黑米一杯，白米一至二杯，水量和米量一樣，煮熟後燜十五分鐘，再翻攪米飯即可。

2.紫黑米八寶粥：紫黑米、白米以二：一的比例，加入五倍米量的水，炊煮即可。

3.紫黑米飯糰：紫黑米、白米以一：一的比例，水量和米量一樣，煮熟後燜十五分鐘，再翻攪即可。

4.紫黑米糕：紫黑米、白米以一：一的比例炊煮，煮熟後拌入糖、桂圓及酒，燜十五分鐘後即可。

5.紫黑米粽：紫黑米、糯米以一：一的比例炊煮，糯米須先浸泡二至四小時。

紫黑米相關產品。圖／黃文吉、劉克敏　提供

清脆香甜的珍珠芭樂

第一次在溪州吃到珍珠芭樂，有驚艷之喜。珍珠芭樂的外型比泰國芭樂嬌小，果肉厚實細緻，清脆好吃。之後，每次返鄉，一定會到市場買來解饞，並帶回台北，讓親友品嚐家鄉的特產。

溪州的珍珠芭樂園。圖／黃文吉、劉克敏　提供

溪州種植珍珠芭樂已有四十多年的歷史，由於得天獨厚的天然資源——濁水溪含有大量礦物質及植物所需的微量元素，如此肥沃豐沛的水質，讓溪州生產的芭樂品質非常優良。溪州的芭樂產銷班農場，對於果樹的照顧及施肥灌溉，非常專業。而且農場自製有機質堆肥，發酵後隔年再來使用，因此種植的芭樂既甜又脆。

珍珠芭樂要帶點金黃的綠，才是最好吃的時候。果實生長時間長，養分吸收充足，室內常溫放置一週，仍可維持甜度和脆度。如果想吃較有古早味道的芭樂，溪州農友所種植的帝王芭樂也是很好的選擇，它的脆度高，味道和珍珠芭樂不太一樣。珍珠、帝王芭樂之外，溪州農友還種有不同品種的芭樂，如胭脂芭樂與翠玉芭樂。取名為胭脂，因為紅心之故。它皮黃肉紅，脆甜之外，香氣十足。總統來到彰化曾指定要吃這種芭樂。翠玉芭樂籽少，肉質細膩多汁。

芭樂又稱番石榴，是常綠多年的灌木，所以台灣四季都有芭樂。夏天生長快速，但是秋天的芭樂口感更加甜美。芭樂在小果套袋之後，需六十至七十天才會成熟。每年入秋，進入盛產期（九至十一月）。好的芭樂有三訣：重量足、頭要尖、底要寬。好吃的芭樂不分大小顆，表皮越是光滑細緻，肉質越是好吃。芭樂好吃的季節是過了「白露」，白露是二十四節氣之一，每年在國曆九月七日到九日之間，天氣轉涼，晚上開始有露水，經過露水均霑後的芭樂，風味絕佳。

日前帶朋友搭二十人座中巴來溪州遊覽，我聯絡黃姓農友，準備去他的芭樂園採果。黃先生說他的果園正在轉型為無毒有機，二年內將沒有收成。當下內心有些悵然，只好安排去採摘其他蔬果，但對黃先生堅持自然農法種植的理念，感到由衷佩服，來年一定再探訪他的無毒果園。

芭樂含有豐富維他命C，是柑橘的八倍，並含鉀、鎂、磷等礦物質，營養價值是各種水果之冠。另外，芭樂高纖、熱量低，還有降血糖、解酒、預防心血管疾病、抗菌美容等多種功效。根據衛福部國民健康署公布：「成人每日維他命C，建議攝取量為一〇〇毫克」。一顆芭樂的維他命C含量高達二二五毫克，超過人體所需的兩倍以上。

溪州鄉的地理環境適合種植芭樂，目前種植面積四百五十公頃，居全彰化縣第一，年產量一萬三千五百公噸，年產值超過四億元。曾有貿易商一口氣訂購十八公噸珍珠芭樂到加拿大。近年，農會更積極開拓國外市場，「要讓最在地的芭樂很國際」，希望溪州的優質農產，成功邁向國際，帶動農業的新契機。

賣場中的珍珠芭樂。圖／黃文吉、劉克敏　提供

當地現宰的羊肉爐

純手工現切的羊肉爐。圖／黃文吉、劉克敏　提供

過完年，小姑夫婦突然來訪。冰箱裡的年貨大都已掃入五臟廟，所剩無幾。和阿吉商量半天，晚宴決定一鍋搞定。我們夫妻二人組，在宴客料理方面，最容易達到共識。尤其今晚的主秀，是我倆的最愛——羊肉爐。此外，請客吃火鍋非常省事，所有食材統統下鍋，想吃什麼，一撈就有。

二人騎上鐵馬直奔街上。聽說最有名的一家羊肉爐店，必須及早訂購，果然，下午四點鐘已全部售罄。只好轉戰另外一家羊肉爐店，「老闆！我要外帶二斤藥膳羊肉。」老闆娘開爐揮鏟，隨手抓把當歸、枸杞、紅棗……藥材丟入鍋底，大火燉煮著一塊塊連皮帶筋的新鮮羊肉。

有了羊肉，就「蝦米攏不驚」了。踅到市場，買了高麗菜、豆皮、金針菇、茼蒿等火鍋材料。賣菜的婦女毫不藏私的指點我：「我們溪州人要煮一鍋好吃的羊肉爐，一定要放薑汁。你可以去那一間柑仔店買到薑汁。」

夜晚時分，羊肉爐尚未上桌，卻已香氣四溢，令人飢腸難耐。備好酒杯，羊肉爐家宴開始，果然客人嘖嘖稱讚，賓主盡歡。這一鍋抓住了每個人的味蕾和腸胃，並且預約了明年春節的下一鍋。

溪州羊肉爐店遠近馳名，大哥一家人開車自南部北返，會特別從高速公路下來溪州，吃完一鍋羊肉爐再繼續上路。溪州的羊肉不是一般冷凍羊肉片，大部分是本地飼養的黑山羊，因為是當日現宰且限量供應，所以當天賣完就吃不到了。

羊肉店的門面和裝潢雖很普通，但是羊肉、羊心、羊肝、羊腸、羊肚、羊腳等，全羊各部位都可變成一道道料理。況且標榜台灣土黑山羊，肉質軟嫩鮮甜，口感十足，沒有腥羶味。羊肉爐搭配麵線，更是絕配。我在一家店吃過麵線裹上蛋汁，下鍋油炸，外表有酥脆的口感，裡面的麵線柔軟潤澤，讓人回味無窮。

羊肉爐的湯頭濃郁香醇，多是以羊骨熬煮多時。而**純手工的現切新鮮羊肉，使得肉質香嫩帶勁。有些店家會掛上國產羊肉專賣店的招牌，證明使用的是正港台灣本土羊肉。**

一般羊肉爐有麻油藥膳與薑絲清湯二種。藥膳口味有濃烈的黑麻油和中藥材香氣，適合冬令進補。若喜歡更清淡的吃法，有的店家可以吃到甘甜的蘆筍清燉羊肉湯頭，或是菜豆仔古早口味的羊肉爐，另外也有麻油薑片清燉蘿蔔的羊肉爐，蘿蔔釋放出來的甘甜，讓湯頭的滋味更加豐富鮮美。

回到溪州，吃一鍋熱騰騰的羊肉爐，是我返鄉的動力。每隔一段時間，彷彿聽到故鄉的羊肉爐，在向我的腸胃呼喚。

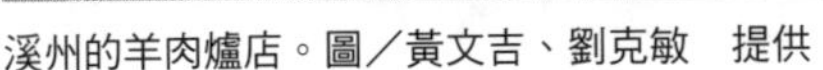
溪州的羊肉爐店。圖／黃文吉、劉克敏　提供

手工日晒的地瓜麵

透早，厝邊的婆婆媽媽陸續來到這裡，音樂響起，大家跟隨著志工老師跳舞或做伸展運動。每天七點先做五行操，八點跳舞，結束後一起吃熱騰騰的芋頭米粉、鹹粥或是水餃，每天早餐的菜色都不一樣。飯後，有拉筋按摩、歌唱、健康講座等動靜態課程，由專門老師指導講解。中午，志工準備好營養豐盛的午餐，村裡的老人一起圍坐共食。

這是溪州鄉溪厝村社區發展協會每天的例行活動，村長呂永富表示鄉村人口老化嚴重，一些老人孤單無依，三餐又隨便打發，因此促使他向社會處申請「關懷據點」。開始以實際行動，

地瓜麵日晒場景。圖／黃文吉、劉克敏　提供

照顧村裡的長者。

初入園區，環視周遭的綠能建築、菜圃，竹編黑冠麻鷺和濃蔭的老樹群，即可一窺經營者的用心規劃與維護。園區內的環境潔淨安謐，一畦畦豐美的有機蔬菜，是每天長者供餐的來源。常見村人提著自家菜園的蔬果，送來這裡共享，這也是每天供餐時候，菜色多變化的原因。

日治時期這裡曾是電信局的職員宿舍，如今民營化之後，日式宿舍全被拆除。民國一○○年村長開始構想，把這塊雜草叢生、荒廢多年的土地，作為社區發展的地點，於是開始整地並向林務局申請補助款和樹種。當時補助款有限，所以舉凡整地、種樹、植草及開闢菜園，甚至到濁水溪撿石頭、漂流木做邊界和造景等，一切大小事務，都必須親自動手，或是請村民協助完成。又向內政部申請建築鐵皮屋材料，組成房屋建物。並自製雨水回收水塔、魚菜共生等節水節能的環保設施。

經過一年的辛苦經營，終於完成了所有的硬體設備，並在民國一○一年獲得「植樹綠美化全國第一名」的殊榮。從申請到考核，直至民國一○四年正式成立了「關懷據點」。業務從辦活動、供餐、餐盒送餐、訪視老人……，進而推廣產業發展，籌措社區活動及服務的經費來源。

村長帶領著幹事和志工們多次討論，最後決定以自製地瓜麵為地方特色商品。**地瓜屬旱作植物，不需抽取地下水，可以防**

溪厝道地麵可網路訂購。

圖／黃文吉、劉克敏　提供

止地層下陷，因此村長鼓勵農民們多種地瓜來製麵條。

經過不斷的研發、試吃，並請講師指導如何包裝和行銷方法。民國一〇五年推出網路訂購的方式，人們可以買到純手工日晒，沒有添加色素、漂白劑和防腐劑的「溪厝道地麵」。目前主要供應地瓜、火龍果、地瓜葉等三種麵條。其他菠菜、芋頭、薑黃麵條則要事先預定。

「作牛來拖」的呂永富村長帶領著團隊，以永續經營為目標。在溪厝村開闢了一個照護長者、自立自足的幸福家園。

溪厝社區關懷據點。圖／黃文吉、劉克敏　提供

綁麻花辮的馬拉巴栗

公公在世的時候，在三合院的後面菜園種了一排馬拉巴栗幼苗。大概菜園的土壤肥沃，馬拉巴栗很快的長成了大樹。某天，婆婆一邊數落著公公，手下的斧頭攔腰砍斷了所有的馬拉巴栗，她認為樹根亂竄，恐會危及老厝的安全。

作者公公留下來的馬拉巴栗。
圖／黃文吉、劉克敏　提供

今年過年，我和阿吉整理菜園的雜草，不

綁麻花辮的馬拉巴栗。圖／黃文吉、劉克敏　提供

經意抬頭，看見多年廢棄的水塔上，冒出一株高約三尺的馬拉巴栗。曾幾何時，馬拉巴栗的種子悄悄飛落到水塔上，居然在過濾用的細砂、石子中生根發芽，長成一棵綠意盎然的小樹。阿吉嚷著要爬上水塔除掉小樹，我趕緊拉住阿吉：「不要砍啦！你看它的樹型多美，也許這棵是阿爸留給我們的！」已離開我們十餘年的公公，還是留下了一棵馬拉巴栗，我把它種入三合院的古甕裡。

馬拉巴栗是常綠喬木，原產於中、南美洲，又名發財樹、美國花生，可作為室內觀葉盆栽或行道樹。三十年前一個美麗的奇遇故事，溪州鄉因此遍植馬拉巴栗，面積達六五〇公頃之多，占全台種植面積八成左右。公公也是跟隨這股風潮，在菜園裡栽植了一、二十棵。

民國七十五年韋恩颱風來襲，鄉民王清富的貨櫃車無法出車工作，待在家裡幫從事美髮業的太太編辮子。一時突發奇想，隨手拔出盆內的五棵馬拉巴栗，把枝幹編成辮子形狀，取名「發財樹」出售。後來這種紮枝型態的馬拉巴栗傳至日本被搶購一空，其他各國也紛紛訂購，成為最受歡迎的觀賞植物之一。**編成辮子**

狀的馬拉巴栗，竟為台灣創造了數十億的外匯，也讓台灣登上全球外銷產量第一名的「馬拉巴栗王國」。

後來，馬拉巴栗種植栽培的技術被引入中國、越南、泰國等地，這些國家成為台灣的強勁競爭對手。加之美國的規格限制（四十五公分以下的植物才可進口），馬拉巴栗經長時間海運，又因免疫力弱、水分保留不易而孳生細菌或枯死。更嚴重的問題是溪州的馬拉巴栗樹受到不明細菌侵襲，出口後因根部腐爛而被退貨。目前以休耕或輪作方式，防止疫情擴散。

馬拉巴栗近年飽受怪病之苦，使得農民損失慘重。難怪，最近和阿吉騎單車漫遊溪州農田，發現種植馬拉巴栗的面積已不及昔日的盛況，但是一排排綁著麻花辮的小樹，如士兵挺立於田地，非常整齊壯觀。昔日的馬拉巴栗曾讓溪州成為國際苗木外銷市場的「綠色奇蹟」，就如本鄉生產的甘蔗、蘆筍也曾風光一時，為鄉民帶來可觀的利潤。

溪州的環境得天獨厚，濁水溪讓土壤變成了肥沃的田地，如今農特產除了馬拉巴栗，還有稻米、芭樂、火龍果、花卉苗木及蔬菜等，品質皆非常優良。憑著溪州農民如水牛般務實的努力和精益求精的種植技術，未來再創農業經濟奇蹟，將指日可待。

三、有拜有保佑

——習俗信仰

忙碌的年節

婆婆每年總以應戰的姿態，迎接炮竹聲中的熱鬧年節。舉凡神明桌上祭拜的莿殼粿、蘿蔔糕、年糕、發粿，通通不假手他人，全都是自己製作。近幾年來，婆婆年事已高，無法再做了，年節祭拜，我只好去市場採買或是鄰居相贈。雖然採買容易，卻覺得少了昔日熱鬧忙碌的年味。

過年家人返鄉團聚。圖／黃文吉、劉克敏　提供

我雖是外省媳婦，卻偏愛台味。尤其是婆婆做的莿殼粿，打開稻草梗綁紮的月桃葉，墨綠的麻糬雖不起眼，但是蒸熟之後放涼，外皮清香Q彈，內餡有拌炒蘿蔔絲、花生粉、絞肉等，這**是年節時候，味蕾的最大期待。**

莿殼仔，即鼠麴草。在入冬的田野或是路邊荒地，都能看到綠色莖葉，頂端開著黃色小花團。將摘下的鼠麴放在大鍋裡煮爛，瀝乾之後，用杵搗爛，擰乾水分，鋪在地上陰乾，存放到過年，再揉進糯米做的粿裡，就是莿殼粿，也稱草仔粿。因為加了鼠麴的緣故，草仔粿吃起來，特別有嚼勁。

過年期間每餐的飯桌上，都有一大盤油煎酥脆的蘿蔔糕，沾著配有芫荽、蒜白、香油的醬油膏，是鄉下年節不可少的料理。基本材料是在來米和白蘿蔔，其他如紅蔥頭、蝦米、香菇、絞肉等，視個人口味增減。老宅的大灶用木柴蒸炊出來的古早味蘿蔔糕，香氣十足。

蘿蔔糕的製作過程，非常厚工（費工夫）。在來米洗淨泡水隔夜，瀝乾水分，磨成米漿。新鮮蘿蔔刨成絲後煮爛，和炒過的其他材料，一起拌入米漿，倒入大蒸籠蒸煮，過程得隨時注意外鍋的水是否蒸乾，直到蘿蔔糕蒸熟才算是完成。蒸熟放涼之後，再分切數大塊，放入冰箱儲存。每次祭拜時取出一大塊當供品，等拜完之後再全家食

過年祭祖供品。圖／黃文吉、劉克敏　提供

用，直到初二晚年節拜拜結束，蘿蔔糕也正好吃完。

莿殼粿和蘿蔔糕都是祭拜祖先神明的供品，發粿、年糕則要插上「春花」，從除夕到初五都供在神桌上，稱為「壓歲」。嫁入黃家三十餘年，我還是弄不清楚過年的祭拜流程，

過年在庭院拜天兵天將。圖／黃文吉、劉克敏　提供

於是阿吉把除夕到年初二的祭拜細節，以電腦打字臚列一張清單給我。過年期間（除夕至初二），每天必有二或三次的祭拜，供桌上有六菜一湯、一鍋飯、一壺酒，碗筷、三炷香、紙錢等，而且拜過的食物，不可重複祭拜。連續三天的祭拜，要如何控管魚肉菜餚的消耗或儲存，真是一門大學問。

莊芳華老師從都會嫁作溪州農家婦，漸漸體會「慢工出細活」的農家特質。她表示：「不只適應了吃莿殼粿，也學會了對不計時效、不計利潤考量，卻蘊含生命力的農家文化，產生真誠的尊敬。」

昔日想到要返鄉過年，就頭皮發麻，而今已能從容應付繁冗的祭拜程序。其中的轉變，應是對傳統習俗和慎終追遠，有更深的體會吧！

農村的俚語

濁水溪沒加蓋（俚語）。圖／巫宛萍　提供

有些俚語出現在我的生活經驗，才知道其中的涵意。譬如阿吉在樓頂種菜，我們經常晚上摸黑去抓菜蟲，終於證實「菜蟲吃菜，菜腳死」這句話的道理。菜蟲晚上爬出來吃菜，很快就被我捏死在菜葉旁邊。這句話常用來比喻貪財的人，有一天也會自食惡果。

昔日農村的人際互動頻繁，生活周遭的故事，經常演變成鄰里口耳相傳的俚語，而這些通俗易懂的簡短口語，也常有它的地域性和時代性。阿吉是坑厝村人，自小聽慣了長輩們掛在嘴邊的俚語，所以日常生活裡遇到某種情境，他不自覺的就冒出一句簡短帶有押韻的俚語，讓我這個外省媳婦滿頭霧水。而**這些俚語故事，其他村子的人可能就聽不懂了。不必費辭描述，一句雙關語，或是借代辭，彼此即能意會，彷彿是村人之間的通關密語。**

台北家裡附近公園的梅花盛開，因為人太多了，我不想去觀賞。阿吉脫口一句：「妳孤老，去住沙崙頭啦！」他揶揄我性情孤僻，應搬到地處偏僻，只有少數幾戶人家居住的沙崙頭。濁水溪在三條村境內，形成一段連綿的沙丘，當地居民稱它為「沙崙」。阿吉小時候到附近的田裡工作，曾去攀爬玩沙。後來沙崙被剷平，沙子載去建設中山高速公路。

有人來邀阿吉的二哥去賭博，婆婆生氣的罵：「哼！水鬼又來叫跛瑞啊！」傳說一個名叫「跛瑞」的人，某天正要渡濁水溪，水鬼叫他：「跛瑞！跛瑞！背我過溪，好嗎？」跛瑞如果答應，就會被水鬼捉走。所以「水鬼叫跛瑞」，常用來形容狐群狗黨引誘人去做不好的勾當。

我有時情急之下而大聲呼叫，阿吉總是好整以暇的說：「免咻！免咻！不是舊眉，就是溪州！」意思是叫我不要再喊叫了。清朝時土匪聚居在舊眉和溪州（今東州、尾厝兩村），他們來村裡搶奪財物，村民驚慌大喊，土匪卻說：「不用再叫了！我們不是舊眉村人，就是溪州村人。」其行徑囂張可見一斑。

村裡有一個叫「枝湖」的男子，傳說他發狂之後，用羊犁田，以至於田地荒蕪，長滿了野草。「你要當枝湖喔！」當村人指責別人不認真耕田，總會加上這一句。或是小孩不喝湯時，母親也會罵這句話，因為枝湖從來不喝湯。

「濁水溪沒加蓋」、「大古井沒加蓋」這是非常惡毒的話，意思是詛咒別人去死。濁水溪和大古井都在溪州鄉內，溪州農場過去有一口大井，後來被填平了。阿吉說他們小時候看見田間有草尾蛇，常會說：「土地公！土地婆！帶祢的查某子去迌迌！」他們認為草尾蛇是土地公的女兒，請土地公把蛇引走，而不是心生恐懼，把蛇打死。

鄉村的俚語多來自於早期村民的生活經驗，也有人說那是老祖宗留下的智慧，它道出了當時人們對生活的感慨與警惕。而今工商社會，隨著時代的改變，過去流傳的俚語已漸漸消失了。

坑厝村的土地公廟。圖／黃文吉、劉克敏　提供

土地公、土地婆帶祢的查某子去迌迌（俚語）。

眾神之鄉

溪州天主教聖智堂。圖／黃文吉、劉克敏　提供

記得剛結婚那幾年，住在埤頭鄉的老姑婆（阿公的妹妹），偶爾會在假日的時候，回坑厝村的後頭厝（娘家）走走。家族裡的人很神秘的說：「老姑婆到溪州的教堂做完禮拜，就會順便回來。」數十年前，鄉下人仍以道教居多，信仰耶穌者屈指可數。聽說姑婆是因為她的先生曾經精神異常，後來改信天主教，竟奇蹟似的復原了。

阿吉的二哥小學時，曾把教會發的聖誕卡，擺在桌上祈禱，被公公撞見。「你居然拜耶穌，以後就不用拜我們的祖先牌位了？」公公氣得把二哥毒打一頓，並不准他再去教會。儘管同學們拿著塗有金粉的聖誕卡在教室裡炫耀，同學家也有教堂發的麵粉和糖果，阿吉雖然羨慕不已，卻不敢踏入教堂。

溪州基督長老教會於民國四十八年正式成立，經過牧師及教友們數十年的深耕努力，如今信徒日益增多。週日的集會以台語進行，這是因為他們非常重視母語的使用。目前還與YMCA青年會合作訓練志工，指導每個星期六下午的兒童才藝活動。

溪州天主教聖智堂建築於民國五十年，是經過多位神父返美募款建造而成。江樂漁神父在蓋教堂的過程親自監工，投入許多心血。聖智堂屋頂八角形的造型如帳幕，採光通風。每個空間為非對稱、不規則造型。教堂內的聖體櫃如同民間的「公媽龕」，中式雕工設計，融入在地文化。目前教堂除了延續傳播福音的使命，也附設啟智中心，專門照護身心障礙的小朋友。

多年前，我曾有一次「鑽轎腳」的體驗。記得當天回溪州的路上，正巧遇到大甲媽遶境。看見一群人排了好長的隊伍，準備要鑽進神轎底下。我也隨著前面的信徒鑽進轎底，跪趴在地上，當神轎抬過蜷伏的身體，我誠心合十，向媽祖報上我的姓名，口中喃喃念著請媽祖保佑全家平安，周圍的鞭炮四起，人聲鼎沸，

溪州基督長老教會。圖／黃文吉、劉克敏　提供

溪州水尾村媽祖繞境壁畫。圖／黃文吉、劉克敏　提供

煙霧瀰漫的場景非常震撼，也令人感動。

中國南方沿海移民入台，儒釋道及民間信仰也同時在台灣生根。荷蘭傳教士在十七世紀，將西方的宗教帶到台灣。日治時代，日本信仰文化也融入台灣。所以來自各地不同的信仰與儀式，使得台灣的宗教文化更豐富多元。

台灣各地的農村保有神佛眾教的民間信仰，溪州鄉亦是如此。漢人移民來台，他們在原鄉奉祀的神明，各有不同，因此在落腳之地，各祀其主。每村有宮、寺、廟、祠、精舍等不同的廟宇，供奉眾多的神祇。在同一個神殿中，有的會同時供奉不同的神明。**寺廟和教會不僅是村人的信仰中心，而且兼具教化、救濟、社交、學習等多種功能，這些信仰文化和民俗活動也構成了台灣珍貴的文化資產。**

寺廟巡禮

溪州街上的后天宮。圖／黃文吉、劉克敏　提供

寺廟是鄉人最常聚會的地方，無論是平安、健康、工作、學業、姻緣、生子、金錢、功名等等，鄉民都會到廟裡祈求菩薩神明保佑。

溪州街上的「后天宮」於民國五十二年創建，它是為了媽祖遶境而立，也凝聚了當地人的信仰。追溯到清朝時期，當時溪州人的信仰中心以東螺舊街的天后宮為主，後來天后宮被洪水沖毀，鄉民改在家中私奉媽祖，作為精神寄託。直到民國四十二年以後，西螺大橋通車，溪州成為各宮廟進香團來往的必經之地。當時溪州鄉民苦無宮廟，可以招待這些善男信女，經過當地居民多方奔走募款，終於籌建了后天宮。此外許多村裡的宮廟也都奉祀媽祖，如坑厝村「壽南宮」即是。

溪州有一座頗具規模的佛寺——「法圓禪寺」，地方俗稱菜堂或稱溪州佛寺，主祀釋迦摩尼佛。早期是一塊竹林地，民國四十五年由開山祖得淨法師發心募款建立，主殿供奉三寶佛。後經颱風地震毀壞，民國九十六年又重建完工。另外，榮光村的「法藏精舍」也是供奉釋迦摩尼佛。

民間拜武聖關公的風氣很盛，關帝廟又稱武廟、武聖廟、恩主公廟。溪州各地可見主祀關聖帝君的廟宇，如潮洋村的「南天宮」、成功村的「覆靈宮」、西畔村的「武聖宮」、舊眉村的「聖安宮」等。因為民間信仰常常儒釋道三教合一，所以像東州村的「育善寺」，遠遠望去就可見一尊巨大的觀世音菩薩塑像，但裡面也供奉關聖帝君。

台灣有「三月請媽祖，四月迎王爺」的習俗，王爺即玄天上帝，又稱帝爺公、真武大帝，是民間信仰很普遍的神祇之一。南投松柏嶺「受

東州村的育善寺。

潮洋村的南天宮。

法圓禪寺。

天宮」就是以供奉玄天上帝聞名全台，其主神是從溪州菜公村的「北聖天宮」帶過去的。由於受天宮香火鼎盛，因此又分靈到本鄉的宮廟，如柑園村的「愛天宮」、成功村的「興天宮」、大庄村的「開天宮」等都是。

鄭成功開台有功，死後，台灣民間陸續建立廟宇祭祀，其中以台南延平郡王祠最著名。溪州成功村居民姓鄭最多，基於感念與敬仰同宗先賢之情，特別建立「國姓宮」。三條村的「聖天宮」也是主祀開台聖王。

其他還有比較特別的廟宇，如水尾村「震威宮」供奉鍾馗，村民大都姓鐘，在二百多年前遠從福建省詔安縣遷居來台，攜帶伏魔大帝——鍾馗爺的聖像，以求庇佑。因為濁水溪為患，河川改道，他們經過三次遷徙，終於定居水尾村，並為伏魔大帝建廟。

又如三圳村內的「三山國王廟」是客家人的信仰，供奉廣東潮州的三位山神。傳說三位山神因為顯靈庇民護國，而被封為護國公王。西畔村的「三聖宮」主祀鄔府千歲，尾厝村的「復興宮」供奉蘇府王爺。圳寮村的「普玄宮」主祀普庵真人董公，西畔村的「萬聖宮」主祀三奶夫人，及東州村的「武元宮」主祀財神爺玄壇元帥等，都各有其來歷與特

水尾村的震威宮。

菜公村的北聖天宮。

色。

「大眾爺廟」又稱大將爺或千眾爺。清朝民間械鬥陣亡的孤魂或是貧病路倒的屍骨，鄉民基於敬重與悲憫之心，收集這些無主遺骸，奉祀於此廟。民間認為大眾爺是陰間的長官，具有支配鬼魂和守護地方的神力。溪州村有一座「萬善祠」，即是大眾爺廟。

逢年過節祭拜祖先和神明，是鄉人生活的重心，也是精神的依靠。因此鄉內廟宇眾多，信徒虔誠祭拜，祈求諸神庇佑。如果「五穀豐收，人畜平安」，鄉民即認為是眾神給予的最好恩賜。

尾厝村的復興宮。

西畔村的萬聖宮。

東州村的武元宮。

圖／黃文吉、劉克敏　提供

阿彌陀佛石碑

坑厝村的阿彌陀佛石碑。圖／黃文吉、劉克敏　提供

每年的大年初一，吃完早齋，婆婆就催促著：「東西款好了沒？」「衣服快穿好，緊來去拜佛祖。」全家人趕快換上新衣，提著一籃水果，走到石碑的地方。擺好了祭祀的水果，阿吉點燃一束香分給大家，婆婆帶領家族成員，口中喃喃唸著，請佛祖保佑全家平安的祈願話語。拜完之後，接著再去附近的壽南宮和土地公廟祭拜，這是多年來不變的慣例。

婆婆常說：「我們的佛祖真靈驗」，村人習慣稱呼石碑為「佛祖」。不僅是逢年過節，平時返鄉、或是為家人祈求，一定得去敬拜。這座石碑年代雖不可考，至少超過百年，村人每年將農曆正月十七日當作祂的生日，祭拜的信眾非常多，相當熱鬧。

有的信眾為了還願，常請布袋戲團來此酬神。每年此時石碑前的溪林路上，酬神的戲團數不清，甚至曾多達三、四十團同時演出的記錄，有些戲團還連演好幾天。村長表示信徒以酬神戲謝佛，在村內已行之幾十年了。

布袋戲團大多來自虎尾鎮，以小貨車搭設舞台，上面寫著還願信徒的名字。一字排開的貨車面對著石碑，表演「扮仙」，各演各的戲碼，擴音器不時傳來戲中人物的對白，夾雜著鑼鼓喧天的音效，然而台下卻沒有觀眾，原來只是演給佛祖看。

傳說百年前濁水溪氾濫，一位坑厝村的老農民撿到一塊卡在竹林叢中的石碑，上刻有「南無阿彌陀佛」文字。村民擲筊請示後立碑膜拜，從此坑厝村免除水患之苦。村民認為是佛祖顯靈，將立碑的這一天訂為祂的生日，讓信徒酬神還願。

台灣的阿彌陀佛石碑大都立在山區、橋頭或是路口等地方，在信仰上有鎮懾鬼魂的作用。坑厝村的阿彌陀佛石碑來源，有另一傳說：某位村民，看見一塊被當作橋樑的石碑出現紅光，他好奇將石碑翻到背面，發現刻有「南無阿彌陀佛」文字，後來才被村民立起來膜拜。縱使傳說紛紜，**佛碑已成為當地重要的信仰，是村民心中膜拜許願的保護神**。

早期石碑附近是公墓，傳說立碑後就常有紅光出現，不再見到鬼火，村民認為是阿彌陀佛護佑著鄉里。不僅村民，連外地民眾也會來此膜拜許願，因而名聲遠播，香火鼎盛。

濁水溪築起堤防之前，四處氾濫成災。溪州原來是東、西螺溪之間的沙洲，歷代先民在這塊土地上耕作，生活非常困苦。如果沒有這些民間信仰的支持，是無法走過漫長的艱辛歲月。所以「南無阿彌陀佛」石碑，是村民精神的寄託，也是異鄉遊子心靈的磐石。

阿彌陀佛石碑酬神布袋戲。圖／黃文吉、劉克敏　提供

四、做人真實在

——人物素描

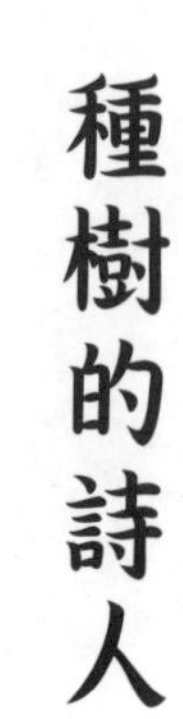

種樹的詩人

有一次和吳晟聊天，談到了我家有幾分農地，多年來無償給表兄種稻。我憂心慣性農法的種植，對土地的傷害很大。「何不來種樹？」吳晟懇切建議，並說要贈樹苗給我。幾年後，表兄過世，土地又換了另一位親戚繼續耕種。但是吳晟相約來種樹的話，經常在我的腦海裡縈繞。

吳晟口述《種樹的詩人》書影。
圖／黃文吉、劉克敏　提供

吳晟說從前的台灣鄉鎮到處都是大樹，小孩常在大樹底下嬉戲或是攀爬，大人及路過小販也在那裡乘涼聊天。樹可以降溫、製造氧氣、淨化空氣、水土保持，這是它對這片土地的恩賜。「我對樹的感情，受我母親的影響很深」，吳晟的母親特別喜愛樟樹，並在後院種植很多樟樹及果樹。他的外祖母也喜歡樹，曾為阻止鄰人砍掉一棵老楊桃樹，竟然付給砍樹工人加倍的錢，請他放過這棵老樹。吳晟剛返鄉任教時，在自家三合院旁空地種了數十棵樟樹。原來，愛樹的信念是世代傳遞的情感。

後來，吳晟警覺到環境惡化的情況越來越嚴重，人們因為無知與貪婪，紛紛砍樹鋪水泥、蓋大樓。由於濫伐山林，一旦山區大雨，常造成山洪暴發，氾濫成災。缺乏樹林涵養水源，因此溪水銳減，又被攔截作工業用水，最後造成河床漠化嚴重，如濁水溪中下游河床，每到冬季幾乎乾涸，風沙四起。

「地球環境惡化，促使我種樹的決心」，正巧那時林務局提出「平地造林計畫」，獎勵民眾在自有土地上造林。民國九十一年，剛退休的吳晟在二公頃田地上種下了樹苗，「種樹要花很多的心力照顧，時常修枝，摘除藤蔓……，不是種了就不管。」吳晟的樹園全是強悍容易生長的台灣原生樹種，有烏心石、台灣肖楠、櫸木、樟樹、黃連木、毛柿、台灣土肉桂等。他挑選這些樹種，不只是它們的珍貴，更因為符合吳晟心中的種樹三原則：本土性、遮蔭性、未來性。

「**種樹是要為下一代人種的，我希望大家趁年輕趕快種樹。**」吳晟擔憂這些樹種會漸漸

吳晟、莊芳華夫婦和孫女在純園合影。
圖／莊芳華　提供

從生活中消失，因此在他的樹園培育很多台灣原生種樹苗，送到島嶼的各個角落。

吳晟種樹有三堅持：不噴農藥、不灑化肥、人工除草。他把友善耕作的理念，推廣到鄰近農民，以樹園周邊的農田作為生態復育的基地。「我七十多歲了，還這麼努力堅強，是因為我想終我此生，儘量為台灣自然環境做一點事。」他說。

「相約／一起來種樹／向每一株散播希望的樹苗致謝／向青翠的未來承諾／我們會細心看顧、親密陪伴／傳給一代又一代。」（吳晟·與樹約定）

我向未來許願：我家的農田，終會變成一片蓊鬱的綠蔭！

結緣農鄉的女孩

陳懷寬（左二）、陳慈慧（左三）和巫宛萍（左四）。圖／巫宛萍　提供

民國一〇〇年，中科四期二林園區正進行引水工程，溪州農民擔心灌溉用水遭截走，因而集結護水。當時有一些年輕人也參加「反中科搶水」抗爭活動。守護水圳成功之後，吳音寧結合農民及支持農民者成立「溪州尚水農產公司」，鼓勵農民友善耕作，陳慈慧與紀心韻加入農產生產控管與行銷的工作，巫宛萍負責社區活動，陳懷寬監管農務，從此她們與農鄉結下不解之緣。

四位女孩雖不是溪州人，也不是農家子弟。六、七年前離開繁華的都市，來到溪州成立「我愛溪州」團隊，在吳音寧的帶領之下，提出農業新經濟主張，也用行動實踐農村改造的理想。除了推廣稻米的無毒耕作，並展開一場農村再造運動。尚水公司以高於市價的契作方式，向農民「對地」保價契作稻米，但農民必須以沒有農藥和化肥的無毒農法種植，取代過去的慣性農法。不追求產量利潤，但要種出安全健康的稻米。

提高農民契作的意願之後，稻米的銷售成為她們最大的挑戰。「每年一直被米追著跑，舊米還沒賣完，新的米又收成了。」只靠親友捧場、企業認購都不是長久之計。於是尚水農產公司建立會員制度，並北上尋求通路，提高品牌的能見度。除了實驗無毒的栽種方式之外，也推廣在地食材。且在溪州鄉公所的協助下，提供溪州鄉托兒所最安全新鮮的稻米和蔬果，以地產地銷的概念，減少食物運送的里程。

當被問到為何願意留在溪州？「來農鄉其實一點都不浪漫」，「因為我們相信，這可以讓社會變得更好。」年輕的臉龐，帶著堅定而純真的稚氣。留在偏鄉推廣無毒的稻米，不僅是她們的志業，也是一種生活價值的選擇吧！

近年有更多青年返鄉，有的放棄科技新貴頭銜，有的尋找先人傳承。他們結合鄰近鄉鎮有相同理念的青農，投入友善農鄉產業，利用在地資源，推出民宿，做深度的旅遊導覽，並結合產業，策畫在地的文化活動，開創偏鄉「新綠海」。有些人說這群返鄉的青年是傻子，因為他們不求回報，不以營利為首要目標，只為了改善在地人的生活和環境。

「妳讀到碩士，卻在鄉下做事情，這樣對

嗎？」她們在家人極力反對之下，仍然選擇留在農村。「我在做有意義的事情」，**「人生不只是工作，與土地共生才是我要追求的。」這是她們的信念。**她們希望稻田裡的生態復育，消費者吃得安心，農民能夠獲得合理收益。

人生有許多巧合，二條平行線，也可能有交會的一天。來自不同地方的四位女孩，落腳在這裡，點亮了溪州，她們相信路上的風景，才是最美麗的。

巫宛萍（左二）和陳慈慧（右二）。圖／巫宛萍　提供

家鄉也有大歌星

溪州鄉的名人榜不只有著名的本土詩人吳晟，也有本土味的歌星和樂團。

吳志寧演唱會現場。圖／黃文吉、劉克敏　提供

有一回返鄉，騎著老爺鐵馬，到溪州中山路最熱鬧的「溪州街仔」祭拜五臟廟，這裡算是溪州的西門町，也是小吃美味的集中地。吃飽喝足的下一站，即是成功旅社——喬咖啡（今已搬遷），喝一杯手工沖泡的有機咖啡，才能稱作完美的祭典結束。

喬咖啡老板邊煮咖啡，邊和一位年輕女孩聊著。他們聊的內容似乎與陳昇的音樂會、吳志寧的樂團有關。這個女孩操著中國口音，讓我好奇的湊近詢問：「妳認識吳志寧？」她說跟隨吳志寧的929樂團演唱會，多年來已進出台灣多次。且陸續搜集了多吳志寧演唱會海報。
圖／黃文吉、劉克敏　提供

張929樂團的專輯，她也知道吳志寧是吳晟的兒子，專輯裡收錄多首歌詞，內容出自吳晟的新詩。

這位來自深圳的追星女孩，為了明天陳昇的台北演唱會，已向公司請了數天假。她和喬咖啡老闆都是陳昇的鐵粉，「我沒有放過每年一度的演唱會」，他們一致的說。

我問她為何隻身拎著行李，千里迢迢的來到溪州這個偏遠小鄉。她回答：「我想來看看吳志寧和陳昇的故鄉」、「他們經常提到這間成功旅社和溪州的事物」，於是我引領這位歌迷上樓，解說百年旅社今昔的變遷故事。

正午時分，她尚未用餐。我如數家珍的推薦糯米腸、酸菜豬腸湯、蚵仔麵……。後來，擔心她路不熟悉，自告奮勇帶路。她點了一碟糯米腸，問說：「妳知道陳昇愛吃的扁食，在哪嗎？」我從來沒聽過陳昇的演唱會，更不曉得他愛吃的東西。「唉呀！就是這家麵店啦！」她抬頭看到店家的看板「扁食一碗25元」，原來她曾在陳昇的FB上，看見一樣圖文。於是，我們各點了一碗扁食，品嚐陳昇從小吃到大的故鄉味。

二位歌星雖

陳昇黑泥季演唱會。
圖／黃文吉、劉克敏　提供

然來自溪州，我卻不太熟悉。僅記得幾年前吳晟父子在台北聯手開演唱會。父親吟誦自己的新詩，兒子吳志寧譜曲演唱。溫馨感人，是一場很特別的表演。

有朋自遠方來，為了聆聽家鄉子弟的演唱會，並蒐集珍藏他們的CD。千里迢迢來到溪州，觸摸成功旅社牆上的剪報相片，行走在偶像自小住過的街道，品嚐他們愛吃的家鄉小吃。記得那位中國女孩說：「吳志寧的歌曲非常好聽。」臉上認真的神情，說明她不計一切往返兩岸，是值得的。

如今，許多溪州人早已他鄉作故鄉，離枝散葉的分布在島上的各個角落。也許家鄉子弟的歌聲，可以為他們帶來一些故鄉的思念吧！

回鄉築夢的電子新貴

陳俊禎。圖／黃文吉、劉克敏　提供

陳俊禎十五歲離開溪州，五十歲重返故鄉開咖啡店。他放棄了優渥的百萬年薪，辭掉台積電的高階職位。他告訴老闆：「台積電人才很多，少一個我沒什麼差別，但故鄉如果多一個知識份子回來，可能會不一樣。」

和他感情很好的阿媽及大舅相繼過世，他開始思考未來的人生方向。在台積電上班，陳俊禎每天工作超時，二十四小時隨時待命，即便出國旅遊，半夜也得接電話，處理緊急的業務。當他決定辭職的時候，內心掙扎了許久。十五歲以前的鄉野記憶，不時牽繫著他與家鄉親友和土地的連結。這股醞釀多年的力量，終於把他喚回家鄉。

之前的工作是一個團隊運作，現在得一個人經營咖啡店，烘焙咖啡豆，手做麵包、農園鋤草等大小事項，都要自己處理。陳俊禎剛開始不太習慣這種生活方式，返鄉一年之後，步調漸緩，也漸漸開始體驗慢活的生活。坐在田埂上看天空的一抹彩霞，他說已很久沒有這麼踏實與自在的感覺了。

「來喝杯薩爾瓦多吧！讓那充滿核果香氣，不帶酸味的汁液，和入口甘甜的尾韻，撫平你不安的情緒。」陳俊禎經常在臉書上分享他的手做咖啡和麵包，每天更換限量的土司，有黑米蜂蜜、咖啡紅藜、紅龍果等多種口味。餐食方面有紅藜鮪魚堡、紅藜味噌麵疙瘩等不同輕食。他說在農村經營咖啡店很不容易，必須研發各種食材，招徠顧客嚐鮮。

陳俊禎戴上老花眼鏡，仔細的把紅藜裡的小石頭挑除，然後再揉麵糰。他說店內經常使用台灣原生種紅藜做餐飲，是為了幫助牡丹鄉高士部落的朋友阿VAN，阿VAN是陳昇新寶島康樂隊排灣族的樂手，平時在屏東老家種植紅藜。

咖啡屋用四個貨櫃屋設計為「回」字，陳俊禎以回鄉作為意象，打造他的夢想咖啡屋。漆成白色的貨櫃屋，上方天窗挑高，以循環流水降溫、採光之外，又有水影灑落吧檯的效果。大面落地玻璃的屋外，是無毒有機的香草園，有莿蔥、薄荷、芳香萬壽菊、蝶豆花……，它們是餐桌上飲品和食材的來源。

店名「喬咖啡夢想屋」，是陳俊禎翻轉農鄉的藍圖，他以咖啡店為媒介，結合溪州在地農業，啟動農鄉微旅行。他不時帶著溪州農民到台積電設攤販賣農產，或到電台接受專訪，行銷故鄉的農特產。

在專業領域鑽研了一輩子的工程師，中年突然轉換工作跑道，一個人隱身在鄉間從頭學煮咖啡、製麵包，賣餐飲。「一個人的力量也許微小，我希望在這塊土地上繼續耕耘，期許家鄉變得更好。」我手中的這杯咖啡不但有溫度，也更有了情感。

喬咖啡夢想屋。圖／黃文吉、劉克敏　提供

糖果番茄的蘇大哥

今年的元宵節花燈在雲林舉行，二位同事一早從台北開車南下，打算住在我家一晚，第二天再去看燈會。她們仔細計畫一日遊的行程，不想錯過溪州的任何景點和美食。

蘇承恩。

圖／溪州鄉公所網頁　提供

上午在市場吃完意麵，等到九點鐘，成功旅社開門營業。同事第一次來此，好奇的四處張望。門口走進來一位黧黑的中年男子，應該是店員熟識的鄉民。當他看到陌生面孔的我們，「妳們臺北來的？」他的態度親切，好像是多年不見的朋友，很自然地和我們聊了起來。

這位熱情的農友，扮起溪州代言人的角色。他介紹我們一定要到溪州公園的森林區走走，力推森林步道非常適宜運動和散步。後來，居然自願當起導遊，開車帶領這幾個外地客。

溪州森林步道，果然是值得一遊的地方。走在樹林蓊鬱的木板棧道，綠蔭下微風輕拂，這趟意外的行程，令人驚豔。

我們稱呼蘇承恩先生為蘇大哥，他在溪州有房有土地，是一位生產有機番茄的農夫。他豪爽的邀請我們，到他的番茄園採番茄。

「今年的番茄受颱風影響，品質不好，可以免費摘取。」蘇大哥笑著說。我們到了他的溫室番茄園，才發現蘇大哥支架上的糖果番茄，結實累累，皮薄多汁又甜如糖果。

「蘇大哥！你的番茄還很多，拿去賣的話，可以賺不少錢耶！」市場的價格很高，一盒至少百元起跳。我們的手雖不停採摘，心裡卻不忍他的辛苦泡湯。「不能賣啦！這會打壞我的行情。」蘇大哥對小番茄的品質，有他的堅持。

溫室中的有機番茄施用活益菌的緣故，非常健康飽滿。每到產季總是供不應求。不知不覺，我們已摘了一大袋。他的院子種有木瓜、山藥，因為土壤肥沃，瓜果肥碩無比。蘇大哥俐落的爬

糖果番茄。圖／黃文吉、劉克敏　提供

上木梯，摘下成熟的木瓜送給我們。

蘇大嫂也很開朗好客，笑嘻嘻的招待我們吃火龍果和珍珠芭樂。夫妻兩人用心呵護這個藉以維生的溫室番茄園，若是被強颱掃過，將可能毀掉一年辛苦的心血。番茄品質不符理想，則寧可開放果園，任人摘取。「人二腳，錢四腳，錢財永遠追求不完。」這位小農富貴在天的豁達，令人敬佩。

鄉裡有很多默默為土地奉獻的農人，他們努力工作，順應天道。認為怨天尤人是吃飽閒人的事，**人只要活著一口氣，就應該工作。這種「台灣牛」的精神，是多數農民的寫照。**

回家，把番茄洗淨，慢火燉熬了一大鍋的番茄醬，封瓶裝罐之後，分送給蘇大哥和鄉親們。

原訂行程雖未能完成，朋友卻對溪州留下美好的印象。

陳蒼鄢。圖／黃文吉、劉克敏　提供

溫室裡打拚的瓜農

有一年帶老同事來溪州旅遊，載滿三十多人的大巴，浩浩蕩蕩地開到一間塑膠布搭建的溫室，停了下來。一臉笑意的陳蒼鄢，熱情地上前迎接我們。他簡短解說種植小黃瓜的過程，然後引領著大家入園採摘。看見支架上結實累累的小黃瓜，同事們驚呼聲不斷傳來。「你們可以邊吃邊摘，無毒栽培的，請大家放心食用！」陳蒼鄢豪邁的說。

咬下小黃瓜的當下，清脆聲響伴隨著鮮甜滋味，與以往記憶裡的青澀苦味截然不同。大家享受摘瓜的樂趣，鏡頭前也留下歡愉的神情。

陳蒼鄢以生物式的防治法免除病蟲害，維護植株的健康，捨棄化學農藥，用各種微生物菌種調和配置，增強小黃瓜的抵抗力。他說這種栽培方式，也延長了小黃瓜採收的次數，最大的受益還是回到自己身上。不用農藥也可以防治蟲害，他習慣自己尋找替代性的農藥，例如使用無化學成份的無患子沙拉脫，對付粉蝨尤其有效。

溫室一角擺放著筆電，可以上網查病蟲害防治資料，並隨時記錄：溫室環境、菌種變化及生長觀察的情況。溫室裡有一個大水桶，裡面裝了乳白色的液體，上面插了一根打氣的管子，咕嚕咕嚕的冒著水泡。「這是我自己培養的益菌」，他說管理植株的健康，維持瓜園的生態平衡，就是使用這些菌類，才能達成無毒栽培的目標。

陳蒼鄢原本在台中承包建築白鐵設計，由於他做事謹慎負責，花在每個案子的時間和費用，都比一般人高出許

溫室栽培小黃瓜。圖／黃文吉、劉克敏　提供

多，因此案主們轉而去找做工粗、又省時的工廠製造。蒼鄢看不慣業界為了節省成本，不顧品質的作法，加上自己執著的個性，步入中年的他，毅然決定返鄉務農。

一般市面上販售慣性農法種植的小黃瓜，極容易出現農藥殘留過量的現象。陳蒼鄢捨棄農藥和化肥，也是因為自己和家人長時間在溫室裡工作，孩子也在這裡寫功課和玩耍，所以他希望擁有一個健康的環境。

翻開他的田間筆記，密密麻麻記載著當日天氣陰溼或者晴日，必須施用哪種菌類。**「有的農友種給自己吃的菜，才是不灑農藥的。我家自己吃的和賣給消費者的，品質一樣，都是最好的。」**他說。

消費者只看重農產品的外觀漂亮或是價錢便宜，而不在乎小農經營的用心與付出，即是放任農民繼續使用化肥與農藥的行為。如果大眾支持有機農民，讓長期以來被汙染的土地恢復地力，如此，不但保護消費者的健康，也讓土地能夠永續利用。愛鄉土，就從支持友善環境的在地小農做起吧！

瓜農採瓜示範。圖／黃文吉、劉克敏　提供

閒嵋麵的阿婆

記得第一次吃了阿婆的「鹹菜豬腸湯」，就好像被下了蠱一般。

每次返鄉，一定會身騎鐵馬，過三關紅綠燈，來到市場跟阿婆報到。阿婆看到我們，馬上認了出來：「從台北回來啊！」沒多久，阿婆端來的仍然是那碗鹹菜豬腸湯，多年不變。

阿婆。圖／黃文吉、劉克敏　提供

阿婆先把鹹菜葉摘除，留下菜梗，小腸洗淨後川燙去腥。熱騰騰的湯裡有薑絲、鹹菜和軟硬Q彈的小腸，再加入數滴浸泡一個月的中藥酒。**湯頭清而不膩，並夾著一股清淡的當歸香氣，如此多年來拴住了我的舌尖。**

通常我會點乾意麵配上一碗鹹菜豬腸湯，阿吉則是鹹菜豬腸米粉湯，再來一碗小腸麵線糊。阿婆的鹹菜豬腸湯，遠近馳名。明道大學的僑生畢業返回僑居地，多年之後，還會回來重溫腸仔湯的滋味。

「我是遇到了貴人，才有今天。」阿婆回憶十多年前開店的時候，走進一位長者，吃完阿婆煮的腸仔湯，他說：「我來教你怎麼煮」。老先生把秘方告訴阿婆之後，經常光顧麵店，指點阿婆要如何改進，並且吃完了堅持付錢。

透早四點多，天還未亮的時候，有些老人家就來到店裡。或是趕著下田的鄉人，也一早就來敲門。所以阿婆為了不讓這些人挨餓，每天清晨不論晴雨冷暖，摸黑來到市場，開始忙碌的一天。店面雖小，一個月僅休息一天，農曆年初四至初六放假三天而已。我以為阿婆是

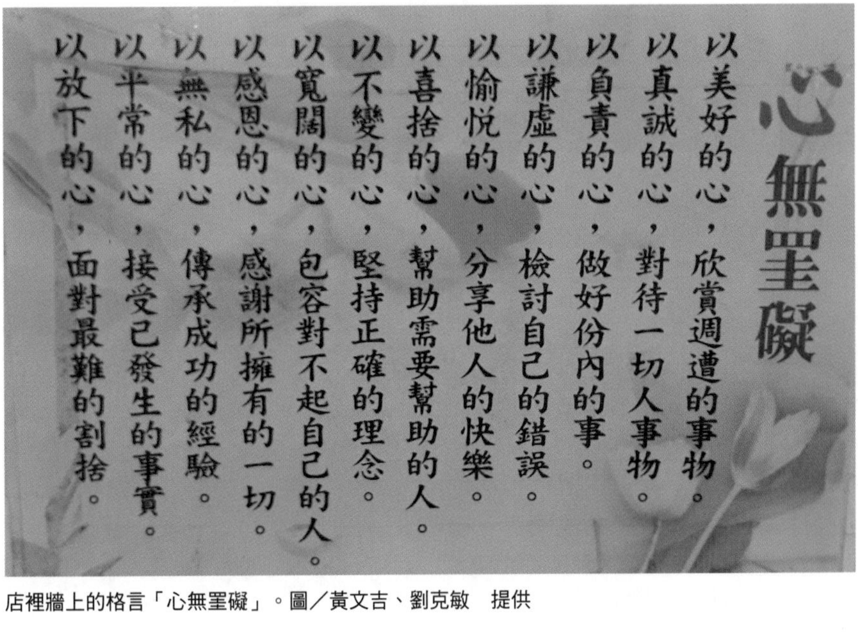

心無罣礙

以美好的心，欣賞週遭的事物。
以真誠的心，對待一切人事物。
以負責的心，做好份內的事。
以謙虛的心，檢討自己的錯誤。
以愉悅的心，分享他人的快樂。
以喜捨的心，幫助需要幫助的人。
以不變的心，堅持正確的理念。
以寬闊的心，包容對不起自己的人。
以感恩的心，感謝所擁有的一切。
以無私的心，傳承成功的經驗。
以平常的心，接受已發生的事實。
以放下的心，面對最難的割捨。

店裡牆上的格言「心無罣礙」。圖／黃文吉、劉克敏　提供

金剛之身，她說：「感覺不太爽快，就趕緊到藥局拿藥來吃，很快就好了。」

清瘦嬌小的阿婆，留有特殊且終年不變的髮型，她先將頭髮往後梳成公主頭，然後分為二股髮辮，再將髮辮繫於頭頂，用髮夾固定。俐落的髮辮，更襯托了她的精明幹練。

目前店裡多了人手，阿婆的女兒辭去工作，到店裡幫忙，阿婆不必一個人忙裡又忙外。客人多的時候，急性的阿婆仍會緊張，雖然客人安撫她：「阿婆！我可以等！」阿婆還是掛念著客人飢餓難耐的心情。

阿婆的店面就如她的外型，予人乾淨清朗的印象。狹長的店面，面積不大卻採光明亮，裝潢簡單統一，桌椅潔淨整齊。不鏽鋼碗筷有別於一般店家的塑膠餐具，讓人放心食用。

牆壁上除了菜單，還掛了數幅警世格言。粉紅紙張上印有「心無罣礙」四個大字，旁邊有十二則文句，其中一則「以負責的心，做好份內的事。」每天店門一開，即出現阿婆忙碌的身影，她正是以生命來印證這句格言吧！

阿婆賣的鹹菜豬腸湯、乾意麵及豬腸米粉湯。
圖／黃文吉、劉克敏　提供

脫胎漆器達人

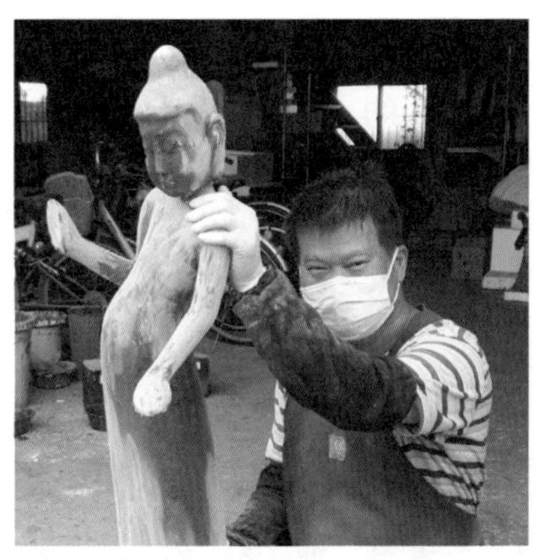
蔡煥科。圖／黃文吉、劉克敏　提供

坑厝村和陸嘉村有一條共有的道路，是兩村的村界，也是溪州鄉和埤頭鄉的鄉界。路的東側屬於坑厝村，住戶大都姓蔡，所以本鄉稱它為「蔡厝路」，而埤頭鄉則稱它為「中華路」，一條路有兩個不同名稱的路標，你說奇怪不奇怪？這條路是我和阿吉經常散步的地方。有一天，路過一戶人家，看見一位中年男子坐在一座巨大關公塑像旁，來回不停的摩娑手中的器物。男子身後的廠房豎立著一些雕塑成品，難道鄉下也有隱埋姓名的藝術家？

「請問你在做什麼？可以進去參觀嗎？」獲得應允後，我們進入他的工作室。

這位男子名叫蔡煥科，自公務員退休至今已五年，投入「脫胎漆器」的製作，卻已長達二十餘載。他說公務員生涯讓他下班之後，有充裕的時間。經過多方審思試探，「台灣做脫胎漆器的人不多，我要做，就做沒有人做的吧！」於是，他決定創作自己完全不懂的脫胎漆器，作為他後半生的志業。

民國八十三年蔡煥科開始漫長辛苦的摸索之路。買書、找資料，並投注大量的時間和金錢，研究脫胎的技法。但是無數次的挫折，曾經多次讓他心灰意冷，準備放棄。但是「面對空閒的時間，卻不知道要做什麼？那更是一種煎熬。」待心情平靜之後，又重拾工具，埋頭苦練。不斷鑽研了十多年，才完成第一件不算滿意的成品。他說幸好有穩定的收入，若是一般人，可能早就放棄了。

脫胎漆器最早出現在晉朝的脫胎佛像。脫胎即是以泥土、石膏塑成胎胚，以生漆為黏劑，然後用麻布或綢布在胚胎上逐層裱褙，待陰乾後脫去原胎，留下漆布原形，再經過灰底、打磨、裝飾等工序，最後製成漆器成品。

之前使用矽利康模做胎體，但是成本昂貴且耗材，後來朋友建議他改用保麗龍，成本降低了許多。脫胎漆器看似沉重，實則非常輕巧，有人說它「輕若浮雲」，因為裡面的填充物已被取出。製作過程既費時又費工，須經過數十道工序，蔡煥科表示完成一件作品，幾乎要花費半年時間。

後來他發現傳統「色彩瑰麗」的技法，並不適合他的風格，他必須獨創一格，擺脫前人的窠臼。「十幾年來不斷的實驗和摸索，終於找到我想要的技法」，他認為「表面處理」的技法，最能夠表現出作品的古樸穩重和內斂含蓄。

他以生漆的原始色彩，取代了加礦物料色漆的各種技法，幻化出渲染效果，產生如琥珀般的色澤，讓作品呈現新的風貌。民國一〇四、一〇五、一〇七年，他從眾多參賽作品中，獲得彰化磺溪獎「立體工藝類」的入選獎。

經歷「眾裡尋她千百度」的徬徨與漫長的努力，驀然回首，蔡煥科終於找到了自己的風格，篤定地繼續創作下去。

脫胎漆器作品。
圖／黃文吉、劉克敏　提供

跟女兒談阿公

阿公的喪事辦完，我回到台北的家，終日惶惶然。阿公騎著鐵馬，壯碩遲緩的身影經常浮現腦際。

每次過完年，我們準備回台北時，阿公總會適時地出現。他踩著沉重的鐵馬，從早晚膜拜的神壇，騎到三合院的中庭，黝黑的一張面孔，隔著明亮的車窗玻璃，揮手道別的時候，多年來叮嚀仍舊不變：「後日放假，要常回來啊！」

每年的道別總是相隔漫長。阿公在鄉下有幾分田地要耕種，又有一間神壇每日要燒香。這兩件要事，讓他每次來台北住不到三天就趕著返家。他說只向神明請幾天假，不能久留，況且要放田水，否則稻子會枯乾等等。所以每次見到阿公，幾乎是在例行

阿公與孫女。圖／黃文吉、劉克敏　提供

的年假。寒假裡的年節，我們總是匆匆地回鄉下，又匆匆地返台北。

阿公行事隨興、不務實際、對錢財不懂節制。阿媽務實負責、生活節儉。南轅北轍的個性，生活在同一個屋簷下，又豈能相安無事？但是他們教養兒女的態度，卻是一樣的無私和奉獻。

阿公非常重視子女的教育，為了籌措子女的學費，稻穀賣了不夠數，只好四處借貸，因此家中的債務像滾雪球般年年高築。為了子女完成大學教育而經年舉債，這是當時一般鄉下人少有的觀念。阿公的四個兒女中有三個大學畢業，尤其妳父親唸到博士，在國立大學任教，這是妳阿公最感自豪的事。

小時候妳和妹妹回鄉下過年，阿公騎著那匹笨重的鐵馬，載著妳們四處蹓躂。

阿公與孫子孫女。圖／黃文吉、劉克敏　提供

最後總會依妳們的要求，繞至一間小雜貨店「黑店」，滿載一堆妳們愛吃的零食回家。雖然回家都會挨阿媽的一頓罵，阿公依然堅持這樣。

光陰飛逝，長大後的姊妹已不再乘坐阿公的鐵馬。每年返鄉過年，也不再吵著阿公去「黑店」了。客廳裡妳們和堂哥們搶著電視搖控器，聊著年輕人才懂的話題，阿公茫然地枯坐一旁，在充斥著非母語的喧鬧聲裡，更顯得阿公的落寞和孤寂。

阿公習慣在家鄉的土地上生活，有熟悉的鄉親和視野遼闊的田地，應該說他的個性崇尚自由，和不拘細節的豪邁個性吧！阿公每天膜拜的帝爺公，更是他的信仰及精神支柱。阿公過世前的那天早晨，鄰居還看見他騎著鐵馬，車上掛著一袋豬肉和一尾肥大的烏仔魚。隔壁的哈禮伯說，當日阿公還邀約他晚上來一起食用呢！

出殯那天早上，阿媽沒出來吃粥，一個人坐在房裡，面容顯得憔悴而蒼老。一向習慣數落阿公不是的阿媽，低頭不語，我以為她是身體不舒服。「他今天就要離開，再也看不到他了。」阿媽悲傷哽咽的說。人世間許多的無情，其實卻是有情，已離開人世的阿公是否感應了阿媽心中的不捨。

阿公生前，不曾要求什麼，我們如果能多付出一分體貼，現在或許可以減少幾分遺憾。為什麼等到阿公瀟灑的離開之後，才真正領悟到他對我們一家人的寬厚無私？

迢迢長路，雲煙裊繞，要呼喚阿公一路好走啊！**恍惚之間，似乎又看見阿公騎著鐵馬送行，「後日放假，要常回來啊！」粗啞的嗓音，猶然在耳際徘徊。**

漫漫天際，阿公孤獨的身影已漸行漸遠。

我們家的守護神

作者可愛的婆婆。
圖／黃文吉、劉克敏　提供

婆婆來台北，和我們一起生活了三十多年。婚後生下長女，婆婆就從鄉下來幫忙照顧。婆婆做事勤快又細心，讓我和先生能夠專心工作，無後顧之憂。如今，老人家已九十五高齡，前年開始退化，無法走路，言語也變得遲緩。但是不時叮嚀嘮叨、為家人操煩的個性仍然依舊。

婆婆是竹塘人，二十歲嫁來黃家，開始她做牛做馬的一生。透早三、四點起床，切煮豬菜、餵養豬牛雞鴨，準備家人的早餐和便當，接著下田工作。割稻插秧的時候，擔著點心（二餐之間的飯菜）到田裡。平時家務、年節拜拜之外，還得幫忙村人農事或婚喪辦桌……，整日像陀螺一般，忙個不停。

婆婆很怨嘆的說，為這個家犧牲奉獻，卻沒有絲毫酬勞。昔日揹孩子回娘家，沒錢坐車，必須走三、四個小時的遠路。每次娘家母親不忍心，總會偷偷地塞錢給她坐車回家。

祖母中風後臥病在床十四年，公公又是獨子，田裡和家中的工作，婆婆一肩挑起。農忙之際，還必須趕回家做飯，又得換洗祖母的穢物。後來，祖父也接著病倒，家中二老，都靠婆婆伺候湯藥，照顧生活起居。

當農村機械化取代了許多農事，祖父母也先後過世。家裡的田地由公公管理，婆婆則外出工作。她早上和一群村婦搭上工廠的小客車，到附近的罐頭工廠，她們的工作是切削鳳梨或蘆筍，送入機器裝罐，每天忙到天黑回家。婆婆說她賺的每一分錢，全部交給了公公，自己分文未留。

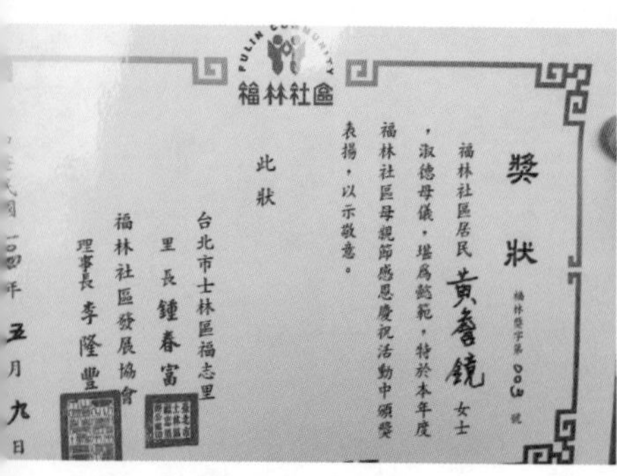
FULIN COMMUNITY 福林社區

獎狀

福林發字第 003 號

福林社區居民 黃奢鏡 女士，淑德母儀，堪為懿範，特於本年度福林社區母親節感恩慶祝活動中頒獎表揚，以示敬意。

此狀

台北市士林區福志里 里長 鍾春富

福林社區發展協會 理事長 李隆豐

民國一〇四年五月九日

社區母親節表揚獎狀。

社區母親節表揚。圖／黃文吉、劉克敏　提供

來到台北，婆婆很快就和鄰居熟稔，完全沒有生活適應的問題。走在路上，不管認識與否，沿途主動和人打招呼、話家常。我住五樓，經常傳來婆婆嘹亮的嗓門，往下一望，婆婆身旁總是圍聚一群歐巴桑。

鄰居有大小事情，都喜歡找婆婆幫忙。舉凡寄放鑰匙或小孩、幫新生兒洗澡、收拾樓頂被單、買菜收信……，婆婆都很爽快答應。左鄰右舍常豎起大拇指說：「妳的婆婆真好！」

直到孫女上學之後，婆婆才有自己的時間。和鄰居一起爬陽明山、泡溫泉、遊淡水……，並參加國內外的旅遊活動。她常說：「我這一生玩得有夠本，真正是值得！」前半生的艱苦操勞，似乎早已煙消雲散。

有一次，女兒從學校打電話給阿媽，著急的說作業沒帶。婆婆不識字，居然有辦法坐上公車，找到學校，把作業交到女兒的手上。婆婆對家人的付出，總是如此使命必達。

女兒為成績不好，心情沮喪。「有寒有熱，人生才有快活。」婆婆會搬出她的人生哲學安慰孫女。婆婆的個性樂觀開朗，從來不與人結怨，她常說：「船過水無痕」。鄉下親戚和鄰居得知婆婆返鄉，都會來找婆婆聊天。

當年外子讀大學，學費讓家裡的負擔更加沉重。「讀冊有什麼路用，以後就是撿豬糞、撿牛屎。」婆婆聽見鄰居的揶揄，沒有說什麼。數十年之後，才與我提起曾讓她難過的這些話。「我的兒子今天做到教授，哪有撿牛屎？」她認為口舌爭辯，不如靜靜的等待。

外子退休後，樓頂開闢了有機菜園。每天澆水除草，終於看見欣欣向榮的成果，於是迫不及待的扶持老母來巡田。「以前就跟你說，要種菜，種花沒路用，你都不聽，現在不是乖乖的種菜了！」婆婆的先見之明，可惜當年我們沒有接受。

前年母親節，社區推舉婆婆為「模範母親」。婆婆上台領獎，捧著獎狀，非常開心。「這是我人生第一張獎狀！」她說。囑咐我要把獎狀裱框起來，掛在客廳的牆上。這大概是她人生最得意的一件事吧！

婆婆一輩子如守護神般呵護著家園，與普通的鄉間農婦一樣，她們自認是「青暝牛」，不識字且與社會脫節，但卻是台灣社會與家庭中，最穩定的一股巨大力量。

阮尪是庄腳人

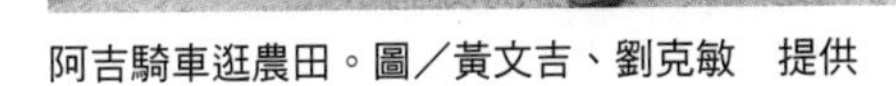

阿吉騎車逛農田。圖／黃文吉、劉克敏　提供

剛認識阿吉，不知道他來自鄉下。只覺得這個人，羞赧樸拙的外表下，有顆真誠熱情的心。

後來相處熟了，好奇的問他臉頰怎麼有大片黑斑。才曉得這位庄腳子弟，暑假不回鄉下，白天在工地扛水泥、挑沙石，晚上又得趕去家教，偶爾到學校附近的中影拍片現場，客串路人甲，或是幫國民就業輔導處做市調訪查，馬不停蹄的賺取學費。而臉上的黑斑，就是烈日下長時工作的結果。

當時大學非常難考，家有子弟考上大學，雖是光耀門楣的好事，但是每學期的學費卻是一大負擔。阿吉父親只好載著一袋袋的稻穀，去變換現金。阿吉不忍增加父母的壓力，因此利用寒暑假拚命的打工賺錢。後來也是自食其力，四處兼差賺取學費及生活費，完成了研究所碩士班和博士班的學業。

記得第一次跟阿吉到鄉下，幸好沒被破敗的三合院景象嚇跑。前面是倒塌的豬圈牛舍，後面的房間凌亂不堪，農具隨地擱置。原來阿吉的父母農務繁重，回家只是睡覺和吃飯而已。

結婚後，忙於工作和孩子，我們只有在節慶的時候，全家返鄉住幾天。鄉下的老厝年久失修，阿吉請人修繕整理，重建三間新房，並做了體面的大門。村裡的人說：「你們的古厝比電視上阿扁的厝還好看。」

每個月我們都給公婆一筆生活費用，公公喜歡買些酒肉和朋友共享；婆婆則喜歡跟團出國旅遊。婆婆常說：「我若沒有這個兒子，早已做乞丐婆了。」公婆不再為生活，或是為民間的祭祀、紅白帖子等費用苦惱，二人的晚年生活愜意無憂。

阿吉是都市裡的庄腳人。學校和家庭是他的生活重心，物質慾望低，生活又儉樸。**每天像勤奮的農民一樣，在書房裡做學術研究，筆就是他的鋤頭，稿紙即是他的田地。**

阿吉回鄉下最開心的是，騎一台老鐵馬，在田間閒逛。經常看見他振臂，對著稻田歡呼的模樣，彷彿小孩子看見母親般的雀躍。至今，餐桌上仍喜歡母親的農家料理：晒乾的長豆排骨湯、肉豆飯、芋頭韭菜米粉湯、草仔粿、蘿蔔糕等。

如今阿吉已年過六旬，大學教職退休，仍蝸居台北。每天一早他照常下田，十多坪的樓頂就是他的良田。盆栽裡的各類蔬菜，足夠供應我家每天所需。筆耕換了鋤頭之後，阿吉居然駕輕就熟，從翻土育苗，施肥捉蟲、甚至以廚餘桶，自製蔬果皮酵素肥料。他常引孔子的話說：「吾少也賤，故多能鄙事。」確實年少時多了一份磨練，也多了一份技能。

阿吉事母至孝，除了晨昏定省、服侍湯藥之外，經常手足舞蹈的娛親，直到把九十多歲老母逗樂為止。他卸下教職雖然沒有歸田，但每天陪老母，並以樓頂菜園為伴，卻也算是一介都市農夫。

阿吉在樓頂種菜。圖／黃文吉、劉克敏　提供

五、田莊人的志氣

——抗爭與蛻變

守護水圳總動員

溪州米香Q好吃，是因為濁水溪由中央山脈蜿蜒百里而下，夾帶大量上游豐沛的礦物質泥土。當冬天稻米收成後，農民引水入田，讓水中的礦物質，補充田裡流失的微量元素養分。用這樣天然的「養土」方式，維護地利，因此生產了聞名遐邇的濁水米。

守護水圳。圖／巫宛萍　提供

清朝時期已經有先人在溪州墾荒，當時濁水溪水患嚴重，溪州原本又是河川之間的貧瘠沙地，因此當年的拓荒者生活非常困苦。直到日治時期，一九〇九年在圳寮村開鑿了台灣第一條官設水圳——莿仔埤圳。這條貫穿溪州鄉的重要水脈，鄉人稱之為

「大圳」。滾滾濁水引來灌溉農田之外，圳水夾帶大量養分的沉積泥土，讓原本只能種植旱作的沙地，變為一畝畝的良田。

這條黝黑混濁的水路，流經溪州、埤頭、二林、芳苑等鄉鎮，全長二十三公里，流域面積近九千公頃，灌溉出南彰化重要的糧倉。有人說：「有莿仔埤圳，才有溪州」，溪州鄉因為水圳而人口漸漸聚居，孕育了一代又一代的溪州人。

中科四期二林園區為了中期用水，計畫引農業灌溉水作為工業用水。政府規劃沿著莿仔埤圳，開鑿埋設一條每日可引八萬噸圳水的大管，給中科廠商使用。這個搶水計畫將造成農田缺水和糧食中斷的危機。十多年前南投集集興建一處攔河堰，每天攔截三十多萬噸的濁水溪水，給台塑麥寮六輕使用，造成農田嚴重缺水，農民必須忍受灌溉用水「供四天，停六天」的痛苦。

為了守護水源，鄉民自民國一〇〇年起多次北上到環保署、行政院陳情。同年八月七日**中科搶水自救會舉行護水活動，召集全台的環保、農民團體及溪州鄉親千人，在水源頭進行祈禱儀式，呼籲不要為了工業用水而犧牲農業。**

隔年中科四期二林園區開發案，經溪州居民打官司反對，台

以彩繪反中科搶水。圖／我愛溪州臉書　提供

北高等行政法院以不當開發國土等理由，撤銷開發許可。圳頭埋管取水的工程，引發一連串護水的抗爭活動，終於告一段落，溪州農民成功的守護了這條母親之河。

當時和農民捍衛水權的年輕人，在事件落幕之後，選擇留在農村。前鄉公所主秘吳音寧號召這些年輕人開始說服農民參與「水田溼地復育計畫」，鼓勵農民多用地表水、少抽地下水，不噴農藥和除草劑，不施化學肥料，一起為環境努力。並成立「共學契作、保價收購」平台，開始為農村帶來一些改變，讓守護水圳的力量可以延續下去。

守護水圳「為義鬥爭」明信片正面。
圖／溪州鄉公所臉書專頁　提供

鄉民護水的抗爭活動。圖／巫宛萍　提供

水田溼地的復育

水田溼地復育之後白鷺成群。
圖／巫宛萍　提供

「米飯越來越不香，聞不到以前那種香噴噴的味道了。」
「為什麼？不是一樣嗎？」
「農藥啊？大家拚命的噴農藥，每一期稻作噴了好幾遍，米飯怎麼可能有清香好滋味？」

這是詩人吳晟在《農婦》一書裡，敘述他的母親和妻子的一段對話。眼見農藥噴灑頻繁，他的母親晚年時常憂心感嘆。吳晟表示：一九七〇至一九八〇年代，農藥的危害尚不嚴重，當時已有人寫文章、做影像報導，對環境變化發出警訊。但是政府部門卻放任農藥的氾濫，無視生態的快速惡化。

水稻噴灑了農藥，雖可以控制病蟲害，讓稻穀產量增加。但是病蟲害控制了一時，不可能滅絕，甚至更為猖獗。因此農藥劑量越用越重，惡性循環之後，危及所有的生態環境。

吳晟認為再多的感嘆也是無濟於事，台灣的美好生態，將毀於我們這一代人手中。因此他決定先從己身做起，試圖做些彌補與挽救。

民國九十年吳晟在自己二公頃的田地植樹造林，堅持不使用任何殺蟲劑、除草劑，必要時以鐮刀、鋤頭或割草機除草。十多年來苗木已蔚為樹林，昆蟲鳥群聚居，生態漸漸恢復。

民國一〇〇年鄰近科學園區沿著水圳埋設暗管，搶奪鄉民的水源，農民成立「顧水圳，反搶水」自救會。經過五、六百天的焦慮不安與心酸煎熬，在社會各界人士聲援協助下，終於守住了溪州人的水源，回復平靜耕作的生活。

之後大家才覺醒：自然資源隨時可能失去，我們應該更加珍惜。於是，**如何重新友善對待這塊土地，不再施用化學肥料壓榨土地，不再噴灑農藥強迫作物、傷害環境，這些農業永續經營的理念漸漸形成。**

民國一〇二年溪州鄉公所主秘吳音寧，和自救會農民討論之後，提出了「水田溼地復育計畫」的願景，並和「特有生物保育中心」團隊合作，做生態調查記錄，獲得了內政部營建署補助。並以吳晟二公頃的台灣原生種樹園作為基地中心，連結周圍農田，進行生態復育，推廣最友善的水稻栽種法。

過去水稻大量引用地下水及化學肥料、農藥，而今水田溼地的耕作完全引用莿仔埤圳水灌溉水田，同時採用自然農法栽種。水田溼地可以補充地下水，以免抽水造成地層下陷，另外，引入不受工業廢水汙染的圳水灌溉，土壤得到更豐富的生機和涵養。

生態恢復後，濁水溪畔又種出了清香好滋味的「濁水米」。

水田溼地生態環境復育計畫攤位。圖／溪州尚水農產臉書　提供

反對設立彰南產業園區

阿吉是最佳的在地導遊，而且只為我這個不諳鄉土的「都市俗」服務。二人單車漫遊鄉野或停或騎，非常逍遙自在，不必費時籌劃，只要一個提議，一個附議，就成行出發。這一天我們來到一望無際的蔗田，阿吉告訴我，鄉民為這片良田抗爭的故事。

水尾農場。圖／黃文吉、劉克敏　提供

這裡原本是台糖水尾農場，多年來以種植製糖甘蔗為主。民國一〇〇年，彰化縣政府把台糖特定農業專區變更為工業區之後，將停擺十多年的「彰化人纖專業工業區」改名為「彰南產業園區」。這塊將近百頃的預定地，約為四座大安森林公園的面積，預計引進橡膠、精密機械等工業開發計畫。

溪州鄉民擔憂彰南產業園區一旦通過，不但近百頃良田消失，進駐的橡膠產業，帶來的汙染將嚴重影響周邊農田。水尾村附近居民組成自救會反對：「莫讓政治人物以發展地方經濟為口號，出賣優良農地，不顧台灣糧食危機，我們訴求就是停止這項開發案。」

之後，農民及環保團體強烈抗爭，反對聲浪排山倒海而來。彰南產業園區的開發案，終於在民國一〇四年由彰化縣長魏明谷宣布撤案，並且將朝「農地農用」方向發展產業。為貫徹「彰南農業、彰北工業」發展策略及考量農業發展，彰化縣政府在原址設立國家級「彰南高科技農業產業園區」，目前正式展開籌備工作。

未來將以彰南高科技農業產業園區為中心，運用周邊農業科技資源，結合中部學術資源，發展南彰化地區為高端農業技術示範中心。縣長魏明谷表示，未來該園區將有高科技溫室技術的室內栽培，種植蔬菜、水果。因此將設置強固型溫室，以抵擋颱風侵襲，藉以建構安全的農業。並結合農試所、農改所及農業的協會互相支援，作為南向政策的一部分，將邀請東南亞國家農業從事人員交流學習。

農糧署長陳建斌表示：台灣露天農業技術在世界名列前茅，彰化縣何其幸運，有一筆九十八．二八公頃土地適合建立高科技農產園區。為因應地球氣候變遷日益加劇，該署期望儘快在彰化建立一座高科技溫室產業園區，交由青農朋友經營，未來不只是露天農業，溫室農業也可以領先全球，使彰南高科技農業園區成為全球亮點。

繼中科四期護水風波之後，溪州農民又一次成功的捍衛家園良田，共同守住不受工業汙染的生活環境。他們**期望政府不要再以發展地**

鄉民反對設立彰南產業園區。圖／巫宛萍　提供

方、**拚經濟為由，殘害犧牲台灣的優良農地。**鄉長黃盛祿認為，彰南是台灣第二大糧倉，不能讓土地受到汙染，「我們要對消費者負責，也要為下一代負責」。

挽救農鄉生態浩劫

以手工拔草取代除草劑。圖／巫宛萍　提供

我和阿吉騎著鐵馬穿梭於鄉間小路，清風拂著微醺的稻香。頃刻間，前方的阿吉回頭大喊：「快！」並且加速疾行，我立刻屏住氣息踩著飛輪，緊跟在後。騎了一段距離，兩人才大吸一口氣。阿吉在農鄉長大，嗅得出刺鼻的農藥味道，這也是單車旅行最掃興的事。

住在鄉下，親友經常送來自己栽種的蔬果，總會特別強調：「這些是自己吃的，沒有農藥。」婆婆也經常叮囑我：不要買菜豆、青椒、小黃瓜之類的蔬菜，這些瓜豆不斷開花結果，間隔數日採收一次，有時噴灑農藥沒多久，怕瓜豆太熟而不得不採收。鄉間流傳一句話「台北人毒不死」，意味著都市人很好騙，他們喜歡購買外型好看的蔬果，因而多少農藥下肚卻渾然不知。

我家樓頂有一方小菜園，才剛冒嫩芽，一不留意，就被天上的飛鳥和地下的菜蟲搶食精光。因此樓頂的小農—阿吉晚上手持電筒抓蟲，白天揮舞棍棒趕鳥，才保住餐桌一碟彌足珍貴的青菜。

可想而知，農民要守住偌大的田地，不靠除草劑、殺蟲劑，如何大量採收稻米和蔬果？因此農藥越下越重，土質變酸，同時也嚴重的破壞自然環境。**短短數十年濫施農藥的結果，使得溪流的魚蝦與田間的昆蟲，大量滅絕。田野間豐富的生態，快速的消失惡化。**

吳晟在「生態浩劫，誰在乎？」一文裡，大聲疾呼：「滿朝文武，地方大小首長，熱中拚經濟、搞建設，放任農藥自由氾濫，誰在乎什麼生態？生態浩劫不僅造成農產品損失，也威脅人類的生存，我們還能無動於衷嗎？」

被同業稱為「柯師傅」的柯金源，用鏡頭與銳筆記錄環境議題超過三十年。面對環境汙染日益嚴重及氣候急遽變化，他語重心長地指出：「生命中不可少的陽光、空氣和飲水，將會出現階級之別。」以後有錢人才買得起乾淨的空氣和飲水，沒錢的人將更無力維護健康，這將是人間的悲劇。

有一回柯金源在台中大里採訪農地汙染問題時，一位八十歲的老農，請求他協助解決被工業廢水汙染的農地。柯金源認為自己只是個記者，無法幫得上忙，於是把老農的困境放進紀錄片《黑》中，以影像方式讓世人重視農田被汙染的議題，沒想到有研究員和大學社團紛紛表示願意協助，希望能找出解決的方法。

昔日，彌天蓋地的噴灑農藥，溪州水田的物種逐漸消失。而今，溪州鄉有一部分農民不施化肥、農藥和除草劑，堅持生產乾淨無汙染的糧食。在純園照顧樹林的莊芳華老師發現，奇蹟正在悄悄發生：許久未見蹤跡的原生特有種青將魚、白魚居然回來了。田野裡的外來種福壽螺、吳郭魚漸漸稀少。一群小白鷺家族，停駐在以友善耕作的農田裡，並準備舉家棲息於平地樹林，大地正在進行一場艱辛的生態復育。島上有一群人懷抱生命永續的理想，正以文字、影像和友善農法，試圖挽救台灣的生態免於浩劫中。

不噴灑農藥的稻田，孩子們歡欣鼓舞。圖／巫宛萍　提供

全台首創「產地認證」標章

數十年前，村裡有一個叫「矮仔木」的人，一餐能吃十三碗飯，個子矮小，力氣卻很大。他經常用腳踏車載著二、三百斤的蘿蔔到員林、田中市場販售。阿吉高中時也曾在清晨二、三點，幫父親載著蘿蔔到田中市場，這是過去農民的辛苦謀生方式。

溪州農產產地認證標章。
圖／黃文吉、劉克敏　提供

溪州鄉公所在民國一〇六年九月向經濟部申請通過，以濁水溪黑泥為特色的「溪州產地認證」標章，這是全國鄉鎮首創以產地為主的註冊商標。只要是溪州生產的農作物，通過鄉公所農藥檢驗合格之後，農民就可以在自己生產的農產品上使用這個標章。目前鄉內有三十餘位農民參與，二十餘種蔬果、米糧通過驗證，讓濁水溪孕育的優良農產成為在地品牌，行銷到全國各個通路，並確保農民的收益。

濁水溪從中央山脈帶來肥沃的黑泥，讓溪州鄉成為適合栽種各種作物的區域。溪州鄉長黃盛祿表示，溪州農民重視生態環境，近幾年力抗國光石化設立、中科四期引水工程，以及彰南產業園區等重大開發案，保住了當地農業生產環境及用水，避免農產品受到環境的汙染。今後透過產地認證標章，讓消費者和生產者一起來保護生產環境。

溪州鄉公所農業課課長莊彥輝說，要使用「溪州農產」產地認證標章的作物，農民必須在地耕作、生產，向鄉公所提出申請後，作物必須通過鄉公所委託的第三方驗證機構採樣檢驗通過，是用減藥、符合友善農法或有機標準所生產的作物，鄉公所才會准許使用標章一年。若被驗出不合格的殘留農藥，鄉公所將取消其認證資格，並且一年內不得再度申請。

由鄉公所推動的「多元產地認證」，在日本也有許多以產地為出發的優良農產認證標章，如日本福景縣小浜市、神奈川縣鎌倉市公所，由地方政府背書，提升境內農產品的品質。未來溪州鄉也可以和其他國家交流經驗，並鼓舞其他鄉鎮也能跟進，改變台灣未來農產的行銷方向。

農業產品不安全不僅對身體造成影響，也嚴重傷害環境，特別是過量使用農藥，將會不斷毒

溪州農產認證標章
農民締約書

我是溪州農民＿＿＿＿＿，所耕種的蔬菜／水果／米糧農產品，以減藥、友善或有機的方式生產，並符合衛生福利部的農藥殘留容許量標準，確保消費者能吃到濁水溪平原頂級、新鮮又健康的優質食材，確實遵守「溪州農產證明標章使用規範書」，特定此約。

締約農民：

溪州鄉公所：

見證人：

中華民國106年12月20日

溪州農產認證標章農民締約書。圖／巫宛萍　提供

害土壤，造成土地永遠失去生機。因此，發展生態農業與有機農業，必須遏止農藥汙染及化學肥料的使用。

昔日的農民，透早在黑夜中載著沉重的蘿蔔到市場販賣，卻只能賺取微薄的利潤。如今農產品經過認證，沒有農藥殘留的疑慮，消費者以較高價格購買有品質保證的農產，增加農民的收益，則是鼓勵更多的農民投入友善農業的行列，優良農業才能踏上永續的道路。

溪州鄉成為全國鄉鎮推動產地認證標章的首例，不但對台灣的生態環境有益之外，並朝安全農業邁前一大步。希望未來有更多農民一起加入這個行列，作伙把溪州的農產品推向全台灣，行銷全世界。

溪州鄉公所產地認證記者會。圖／巫宛萍　提供

六、此中有真意

——農村生活

鄉村的生活價值

松場登美的著作。
圖／黃文吉、劉克敏　提供

松場登美四十多年前，嫁到日本島根縣山上的一個偏僻小鎮——大森町，當時小鎮的人口不過四百人左右，她為了貼補家用，將一些碎布縫合起來，製成拼布小袋子，再讓先生開著廂型車載到大城市販售。她最初以擺路邊攤的方式經營，經過多次失敗與嘗試，如今終於建立「群言堂」的品牌，吸引日本各地的年輕人，來到這個小鎮工作。

松場登美不但是一位專業的服裝設計師，她更以各種復古又創新的手法，經營商店、民宿、餐廳、服飾、生活器皿、藝廊、著作、報刊等，推展日本傳統美好的生活。她以惜物的精神經營事業王國，陸續買下小鎮十餘間古民家，作為店鋪、民宿或是工作室。「鄙舍」是從廣島搬回的古老茅草屋，「阿部家」是擁有二百多年的廢棄古宅，不管是修繕或是裝飾，材料絕大部分是撿回來再重新利用。她最喜愛那些沾染著歷史塵埃的生活器具，她覺得歷經前人使用之後的歲月痕跡，才是至高無上的美。

一個遠嫁他鄉的女子，從零開始，活化了大森町這座四百人的小鎮，她成功的把鄉村價值行銷至全日本。小鎮的落後與孤寂，在她眼底卻是四季豐富的景色和街坊濃郁的人情味，她實際體驗在地的生活，決定要在這個偏鄉小鎮住上一輩子，「我想要做自己想做的事，每一天都要和身邊的人們一起開心過日子。」

民國八十三年李旭清女士為了推廣生機飲食，在台中開了台灣第一家自然蔬食餐廳。三年後，為了實踐減碳生

年輕人為了生活價值投入農村產業。圖／黃文吉、劉克敏　提供

活，她邀約了一群大學畢業生，展開共同生活，推廣自然飲食概念。後來為了尋找更乾淨安心的有機食材，民國九十四年開始與有機農夫契作，並於苗栗銅鑼與三義地區購地種植有機蔬菜，成立迴鄉有機生活農場。

李旭清號召數十位青年回鄉，她希望有更多的年輕人能夠投入凋零的農業，大家一同耕種有機蔬菜，不僅是為了食的安全，更是為了環境的保護。並於民國一〇三年成立台灣第一家有機六級產業館——迴鄉有機驛站，擴大有機產業的推動，並永續台灣的新農業。

近年來，溪州鄉民歷經中科四期引水工程、彰南產業園區開發案等一連串的抗爭活動，終於保住了當地的農業生產及灌溉用水。之後，以濁水溪黑泥、無汙染水源為家鄉的特色，推動優良農產，行銷「產地認證」標章。

畢竟，在溪州這塊土地上生活的人才是主角。鄉人以行動實踐無毒家園，挖掘農村的生活價值，並讓傳統與創新融合。**大家做自己想做的事，也做貢獻人群的事，合力打造幸福快樂的農村產業。**如此，離鄉的鮭魚自然洄游，都市人嚮往的離塵生活也在這裡實現。

松場登美和李旭清以創造美好的生活為理念，豐富了她們的人生，挽救了小鎮，更讓許多人明白幸福的真義。溪州也有不少有心人正在往這條路上前進，讓大家拭目以待吧！

庄腳的人情味

阿吉的堂弟（左二）常關照婆婆。
圖／黃文吉、劉克敏　提供

「住鄉下不用買菜。」
「怎麼可能？難道是夜晚摸黑到別人田裡偷拔？」
「也不必到藥房買藥，自然有人送到府上。」
「這也太離譜了吧！甘係金ㄟ？」

阿麗表姊是大姑媽的女兒，嫁給同村的丈夫，住在老家附近。她經常騎著摩托車來，頭戴花布巾笠帽口罩及防晒手套，卸下一袋剛從田裡採收的蔬菜。

表嫂是大姑媽的媳婦也住附近，聽說我們回來，也如表姊的裝扮，騎著摩托車呼嘯而來。鄉下婦女從田裡工作回來，都是如此模樣，臉部包得密實，只露出二隻眼睛，所以必須聽聲辨人，才不會認錯。

「這攏是自己種的。」袋子裡有米和當季蔬菜。「這包皇帝豆給妳煮湯。產量少，我就一次摘一些，放在冷凍庫裡，等你們回來，再拿給你們。」這包皇帝豆是表嫂採摘多次，囤積冰存而來的。

阿吉的堂弟是藥劑師，和我們同住在三合院，多年來扮演著我們家庭醫師的角色。婆婆心臟疼痛，臉色發白，堂弟即時按壓穴道，讓老人家舒緩下來。婆婆的皮膚過敏，經常搔癢不停，堂弟供應不同的藥膏，給婆婆擦抹止

表姊騎摩托車送菜來。圖／黃文吉、劉克敏　提供

癢。有時我頭疼發作，也是靠堂弟的藥治癒。

堂弟媳經常端捧著白瓷杯盤喊道：「三嫂，喝咖啡，吃饅頭。」一早起可以啜飲現煮黑咖啡，配上熱騰騰的手工饅頭，饅頭有黑糖芝麻和鹹蔥不同口味。堂弟媳的手藝很好，時常端來一盤她做的創意料理，讓我們回到鄉下也能吃到美食好料。

隔村表弟娶了乖巧賢慧的外籍新娘，平常上班之餘，有時帶來一些越南海鮮河粉、涼拌木瓜絲、春捲或點心。「這是坐飛機過來的喔！」她說遠在越南的母親自己碾米，做成乾的春捲皮寄來給她。

返鄉時候，阿吉早晚都會推著輪椅，帶著婆婆到村裡逛逛。老人家看到遠親近鄰，非常高興，總會停下來話家常。**每當話題結束，準備離開之時，「ㄟ！稍等一下！」熱情的鄉親總會送上一袋自己栽種的蔬果。**

有一次我們買了一株高大粗壯的羅漢松，堂姊夫提供貨車，並幫忙挖掘和運載。沉重的羅漢松移至花盆，是非常費力困難的事。我們臨時號召鄰近的親友來幫忙，路過的村人見狀也主動協助，大家一起合力，終於完成了移植的工作。

到鄉下走一趟，即使是市場蹲在地上賣菜的婦女，也能和你聊天搏感情。麵店老闆記得你返鄉會來店裡光顧，總是笑得開懷，口裡直唸著：「足甘心」。走在村裡，不管認識與否，村人總會點頭致意：「呷飽未？」「台北回來啊！」「你老母身體有卡好未？」

台灣人最吸引外國觀光客的不是美食，竟然是人情味，而鄉下人的憨厚熱情，則更是令人感動。

半農半×的生活

日本人鹽見直紀三十三歲辭去工作，返回家鄉種稻種菜，當時他只想過簡樸的生活。他說：「一定有一種生活，可以不再被時間或金錢逼迫，回歸人類的本質。一定有一種人生，在實踐自己的同時，也能貢獻社會」。農忙之暇，他找到自己的興趣與專長，以攝影訓練自己的觀察力，並當作服務社會的媒介。

彭顯惠和先生辭掉工作，賣了台中的房子，舉家搬到宜蘭深溝。他們租下二甲多的田地種稻米，並清理一座廢棄已久的穀倉，開了一家二手書店——小間書菜。書店裡除了二手書籍，還

用二手書換在地小農自種的蔬菜。
圖／黃文吉、劉克敏　提供

販賣當地農民以自然農法種的白米和蔬菜。書店不需要金錢交易，幾本二手書就能換到在地的蔬菜，同時也扮演消費者和農民溝通的橋樑。

他們說以前的工作只是為了賺錢，如今，經營書店和務農，讓他們覺得日子過得很有意義。「小間」，在日本是指六個榻榻米大小的空間，也是這一對憨膽夫妻追求簡單生活的寫照。讓孩子開心的在田裡抓蟋蟀、玩泥巴，就是他們最大的滿足。

有一對夫妻因為孩子的異位性皮膚炎，經過自然食療獲得改善後，從都會搬到大屯山溪畔，逐步將自耕自食的農地，發展成教育型農場——幸福農莊。黎旭瀛醫師出門看診的其餘時間，都和妻子在田裡忙碌，或是在社大、農莊開課，推廣自然農法。

看診治病是黎醫師正常收入的職業，經營農莊是要讓更多人有生產糧食的能力，他分析台灣可以種植的田地約有一半在休耕，如果全部用來耕種，可以生產兩倍糧食。他說：「只要能夠幫助別人，讓更多人吃到健康的食物，就可以很幸福了。」

吳晟老師不忍見美麗的寶島為了發展經濟，大規模破壞自然環境。教職退休後，將二甲多的田地，改種為數千株台灣原生種的樹木，如今已蔚為一片蓊鬱的樹林。雖然早已離開職場，吳老師的生活依然忙碌，整理樹林之外，平日勤於寫作和演講。種樹和寫作不為生活所得，而是無私奉獻的利他胸懷，這也是吳老師退休生活的精神寄託。

半農半×的生活，就是一方面過著栽種稻米蔬果的生活，獲取生活所需的糧食，自給自足；另一方面發揮自己的才能，回饋於社會。或是如黎醫師以看診賺取收入，另外把務農當作志趣，實踐他的人生理想。有一些以其他行業維生，堅持回到土地上耕作的人們，漸漸形成一股新的農業趨勢。

這樣的生活方式，若能吸引人們回到農村，將可減緩過去農村因為人口外移，而衍生的農地休耕與荒廢，以及糧食不足的問題。甚且，半農的耕種，讓身心獲得了療癒與健康，也掙得了生活的費用。另外半×的工作，能夠發揮自己的特長，展開個人追求生命價值的新旅程。

半農半×的生活可以解決糧食不足的問題，也讓個人發揮特長，追求生命價值。
圖／巫宛萍　提供

陽光的味道

農村的菜乾。圖／巫宛萍　提供

婆婆過去身體好的時候，從鄉下回台北，有時會提著一個沉重的布袋。繩索尚未解開，菜脯（蘿蔔乾）的香氣直逼而來。原來鄉下的老姑媽又晒了一堆菜脯，請託婆婆拿到住家附近的市場販賣，幫忙她賺點零用錢。姑媽手工做的菜脯日晒時間夠長，煎炒的菜脯蛋特別好吃。因此，婆婆鄉下帶來的菜脯，很快就銷售一空，並不時有鄰人來詢問想購買。

過年期間，正是菜頭採收的時候。莊內厝邊頭尾都在門口埕，鋪晒切成條狀的蘿蔔。那一陣子鄉間的空氣，總是瀰漫著菜脯的氣味。走到表姊家，看見表姊蹲坐門前，把切好的大塊蘿蔔放進陶甕裡醃漬。記得，老姑媽曾送我一罐醃漬冬瓜，並教我如何料理。烹煮紅燒肉或清蒸鮮魚，放一點醃漬的冬瓜，香醇滋味大不同以往。

農婦自製的菜乾及醃製品。
圖／黃文吉、劉克敏　提供

村裡的農婦平時下田工作，返回厝內還要煮飯、做家事。農忙之餘也不得閒，將採收剩餘的蔬菜，拿到門前曝晒，製成菜乾保存。如：白菜、高麗菜、清江菜、花椰菜、瓠瓜、菜豆仔製成菜乾，鄉下人多拿來熬煮高湯或是清炒，滋味清香甘甜。我家的餐桌若有菜豆仔排骨湯、菜脯蛋或是炒高麗菜乾，阿吉總會撫著圓鼓鼓的肚皮，滿足的說：「阮呷四碗飯，真爽！」兒時味覺的美好記憶，是一輩子忘不了的。

冬末晒菜脯是農家埕內常見的景象，菜頭洗淨切塊，灑鹽搓揉後，壓上重物，讓蘿蔔出水後，拿到戶外曝晒數日，晒至褐色乾癟狀，可裝罐保存長久。女兒愛吃菜脯蛋，是我家的偷懶菜，因為作法簡單，隨時都可上桌。

另外，醃漬的菜頭越久越香，況且自己做的，不加防腐劑，比較安全。醃菜頭的作法：菜頭洗淨後削皮切塊，拿到戶外曝晒，再依序以菜頭、鹽巴堆疊，並用石頭壓住出水。最後菜頭在陽光下晒成深褐色，加入鹽、糖、豆鼓、數片甘草，即可入甕保存。

冬天也是高麗菜盛產的季節，日晒後有菜

乾香氣，可乾炒、滷肉或熬湯，都是令人難忘的農家古早味。婆婆把高麗菜晒到軟，用鹽巴搓揉，以石頭壓出水，經兩晚之後，再拿出去曝晒。家人愛吃香脆爽口的炒高麗菜乾，作法簡單：先將高麗菜乾泡軟，下鍋時以油爆香老薑，再放入高麗菜乾拌炒，最後放一些醬油膏提味。

阿吉念念不忘家鄉味，連我這個都市外省媳婦，也對農村古早味充滿了好奇與熱愛。**自小習於家母的北方麵食，入門溪州之後，見識到另一個迴異的飲食文化，卻也能入境隨俗而樂在其中。**

以前的農村生活清苦，家家戶戶把蔬菜晒成菜乾儲存起來，所以呈現了各種別具風味的菜乾料理。這些充滿陽光能量的食物，隨著農村人口外移和飲食文化的改變，人們逐漸的忘卻了媽媽的味道。來到溪州街仔，有時會看到蹲踞路邊的老阿媽，地上擺著手工做的菜乾，或是罐裝醃漬的菜頭、冬瓜。帶些回去，也許會勾起一段美好的記憶。

路邊擺攤販售的菜乾及醃製品。圖／黃文吉、劉克敏　提供

古甕獵趣

返鄉，總是伴隨著期待的喜悅，因為又一次的挖寶行動即將開始。

種植沙漠玫瑰的古甕。

圖／黃文吉、劉克敏　提供

記得上次返鄉是農曆過年，我提著一籃水果和金紙，和阿吉到村裡的佛祖石碑拜拜。一路上，不由自主地向沿路的農家或菜園張望。忽然眼尾餘光，瞥見了一個長形帶耳的陶甕，橫躺在一處暗巷的泥地上。我特意放慢步伐，找尋附近標的物，將眼前的獵物定位之後，等候回程展開獵捕行動。

我偕同堂弟媳來到幾間矮屋前，叩門之後，一位年老的歐巴桑出來應門，「歹勢！阿婆，借問一下，你們厝外有一個甕仔倒在地上，可以讓我拿走嗎？」我問得直接。阿婆豪氣地說：「你拿走沒關係！那是隔壁的厝邊搬走了，拜託我們幫他處理掉。」一心中暗喜，老甕得來全不費工夫。

於是借了一個手推車來到小巷弄裡運載甕仔，阿婆熱心引路，指點如何搬運。巷弄旁正是阿婆的後院菜園，目光又不小心掃瞄到幾個閒置在菜園裡的水缸。「阿婆！妳的水缸好多，可以賣一個給我嗎？」我指著其中一個最大的水缸說。

「不行啦！那個我要留給子孫做紀念的。」阿婆毫不猶豫的說。「那麼小一點的水缸賣給我啦！和我家裡的米缸正好湊成一對，種上沙漠玫瑰，擺在門口，真水耶！」我不放棄地說。阿婆似乎有些為難，但還是答應：「好啦！妳有需要就給妳！」我和堂弟媳吃力地將老甕和水缸，抬上了手推車，搖晃的載回這些戰利品。

到附近小雜貨店選購了麵條、罐頭、餅乾等，又包了一個紅包，登門向阿婆致謝。阿婆客氣的收下禮物，卻堅持不收紅包，我只有再三鞠躬感謝。

這隻帶耳的古甕，刷洗厚重的塵土之後，出現銅黃色

作者三合院的古甕。圖／黃文吉、劉克敏　提供

的甕身，口小腹廣，口旁有耳易於提取，造型極為罕見獨特，屬年代久遠的酒甕。返北後，有一天路經古董店，看見店裡立著一樣的酒甕，只是多了一個陶製瓶蓋，價值卻令人咋舌。

清理後的水缸，裡面栽植了紅豔欲滴的沙漠玫瑰，一對渾圓漆黑的水缸，搖身變為門口的盆景，與古厝相映成趣。廊下佇立的銅黃酒甕，隨意插入一枝棄置路旁的仙人掌，不久也冒出了綠意撩人的枝葉。

水缸與酒甕隨著時光的推移，早已失去了它們原有的功能，因而慘遭後人棄置或毀壞。殊不知先人辛苦手做的器物，消失後就再也看不到了。**返鄉挖寶，就是要留住它們的身影，這是我的雅趣和生活美學。**

不同形狀的古甕，是作者挖寶的成果。圖／黃文吉、劉克敏　提供

七、作伙做好事

——公益活動

黑泥季

黑泥季海報。
圖／黃文吉、劉克敏　提供

溪州的黑泥文化季，今年（民國一〇六年）我依舊不會缺席，十月二十一日晚上七點台語史詩環境劇場「祭特洛伊」，拉開了我返鄉的序幕。一年一度的黑泥季在二十八、二十九日登場，於溪州森林公園（台糖地）舉行，這場盛大的文化慶典，我和阿吉抱著愉快的心情參加。

鄉公所擺脫以往傳統思維，以「黑泥」為主題的創新手法，創造全國唯一的黑泥遊樂園，讓大人小孩親近泥土。鄉長黃盛祿表示，為了感謝濁水溪沖刷下來的肥沃黑泥土，孕育溪州豐饒的農產，於是策劃獨有的黑泥季活動，邀請大家走進農鄉，親近黑泥，感受溪州之美。

為了傳承農鄉文化特色，溪州鄉公所及莿仔埤圳產業文化協會，選在每年的仲秋時節舉辦黑泥季，今年已步入第八個年頭。全鄉各村總動員，以家裡辦喜事的態度，籌備這場大型的活動。活動內容非常精彩，有運動大會、黑泥遊樂園、農夫市集、創意踩街、趣味競賽、在地農特產品及美食攤位……。壓軸的音樂晚會將特別邀請溪州子弟陳昇，演唱專輯《歸鄉》的歌曲。

去年的黑泥季，溪州森林公園側臥著一尊巨大的泥土裸女雕像，象徵大地之母——濁水溪。工作人員在溪州舊糖廠的土地上，挖了黑泥水池，讓大人小孩在泥漿裡打滾玩耍。「我們特地從高雄開車來，小孩子喜歡在黑泥水池裡玩泥巴。」周太太忙著拍下先生和孩子玩得開心的影像。活動的最大賣點即是「黑泥遊樂園」，現場準備許多的充氣遊樂設施，如黑泥滑梯，還有砸黑泥等遊戲。

一年前，為了宣傳溪州黑泥季，鄉公所號召溪州鄉親們一起演出，邀請林靖傑導演拍攝「黑泥不髒」短片，演出鄉民保護家園的故事。在地出身的導演詹凱迪，則以濁水溪撿拾的漂流木，

泥土裸女雕像——象徵濁水溪的大地之母。圖／黃文吉、劉克敏　提供

創作頗富童趣的「黑泥穀怪」。台南藝術大學三位學生以廢鐵組成一個頭戴斗笠的巨大農夫，這些年輕人以創意點亮了溪州鄉三條村的廢棄角落。

台灣步向工業化與都市化的過程，鄉村因為就業機會少，人口流失，呈現衰敗萎縮的現象。卻有一群默默努力的鄉民，想要翻轉出新的價值與意義。他們為老農村注入新的概念，當新舊文化互相交融，反而撞擊出獨特的文創產業。

溪州人眼中的黑泥不是骯髒的爛泥，是他們世世代代賴以維生的珍寶。因此舉辦黑泥季活動，不只是希望大家看見溪州的新文創，行銷溪州的農產品，更大的意義是以一系列寓教於樂、闔家同歡的活動，提醒溪州的子弟飲水思源，愛鄉愛土，作伙創造黑泥農村文化。

每年十月的「黑泥季」，歡迎大家一起來瘋玩溪州吧！

1. 以廢鐵組成的巨大農夫。
2. 創意踩街活動。
3. 黑泥水池遊樂園。

圖／巫宛萍、黃文吉、劉克敏　提供

樹林裡的音樂會

純園音樂會。圖／黃文吉、劉克敏　提供

答應吳晟的邀約，民國一〇三年九月二十七日我們和一些朋友特別返鄉。吳晟在他的平地樹林——純園，為母親的百年冥誕，舉辦一場「純園．野餐．農村音樂會」。請來客家歌謠創作者林生祥、929樂團主唱吳志寧等，演唱多首帶有草香泥土味的歌曲，曲風及歌詞內容不同於時下的流行歌曲。

農村音樂會沒有氣派的舞台，觀眾席是沒有椅背的圓椅，樹林是帷幕，稻田蛙鳴做音效。中場休息時間，有免費自取的溪州芭樂、一口壽司、炒米粉、熱湯茶飲……。另外，旁邊有一些攤位，販售溪州尚水米、農家手提袋、玄米茶等。

十多年前吳晟在二公頃田地上，種了三千多棵台灣原生種樹木，如今已蔚為高大樹林。**綠蔭下齊聚上千民眾和農人，以野餐的方式，展開這場別開生面的音樂會。**

音樂會沒有門票，也不需繳費，任何人都可以參加。台上歌手自彈吉他，賣力演唱，吉他伴奏的歌聲質樸而自然。他們用音樂動人的旋律，訴說土地和人民的生活。

「野餐」這首詩，是吳晟為感念母親辛勤農事而作。農忙的母親在田埂上揮汗，每日的野餐只是稀飯拌些醃菜。吳志寧選取父親吳晟的九首詩作譜成歌曲，並以「野餐」作為專輯的名稱。這次音樂會也用

吳晟老師及家人、親戚合唱。圖／巫宛萍　提供

它當主題，可說別具意義。

沒有樂隊的喧囂，沒有歌手的華服，更沒有搖擺失控的觀眾，孩童在人群裡追逐，其中有人握手打招呼，也有人起身拿取飲料食物，自在隨意的氛圍，一如家庭的音樂聚會。

村裡不曾舉辦如此露天的音樂會。廟會時，偶爾會請歌舞團來表演，台上的歌女扭腰擺臀，哼唱震耳欲聾的流行歌。或是村人在自家中庭，架起卡拉ok，引吭高歌。倒是頭一遭擁有這樣奇妙的經驗，眾人相約，在樹林裡欣賞富有詩意的歌聲，並享用樹園裡的野餐。

純園．野餐．農村音樂會。圖／巫宛萍　提供

曾聽說「稻田裡的餐桌計畫」，透過友善小農的串連，在各地田野間，擺上餐桌宴客。讓大家直接在食材的原產地，品嚐農村在地美食。這個計畫是以美食為出發點，讓大家感受農村、食物與人的關係。

草地庄腳在田間的樹林，舉辦了這場非常親民的音樂會，邀請多位歌手演唱著鄉土詩人的作品。唱歌是人類最原始的歡樂行為，而今歌曲又和文學、自然環境結合，席間並佐以在地米食和水果，五感體驗，令人難忘。如果時間能推移至月華昇起，大伙席草地而坐，曼妙樂曲如習習晚風，如此盛景，將期待下一次的邀約了。

大庄老人共餐

大庄老人共餐，吃得營養又開心。

圖／溪州尚水友善農產臉書　提供

溪州大庄社區舉辦社區共餐計畫，每天中午在開天宮廟埕「開飯」，一百多位長者紛紛入座，與厝邊頭尾一起坐在廟口吃午餐，氣氛相當熱絡。大庄村村長陳元振說，社區長者往往一塊醬瓜、豆腐乳搭配白飯，或吃隔夜剩菜。時常煮一餐連吃好幾天，長期下來營養不良，因此他興起社區共餐的想法。透過鄉公所幫忙與國防部敦親睦鄰經費補助，「大庄公益食堂」終於在民國一〇五年八月正式開張。

大庄社區發展協會理事長陳振家說，社區共餐一週五天，每次都準備四菜一湯，菜色每天變換，蔬果全採用在地食材，也有老農熱心贊助。社區居民六十歲以上只要四十元，未滿六十歲者五十元，用餐者需先購買餐券，以方便廚媽準備，如果有行動不便的老人家，志工還會親自包便當送到家裡，也能達到關懷訪視的效果。不過正當志工準備將共餐的好消息告知五十七歲的獨居鄭男時，卻發現他已陳屍在屋內，家中的電視還亮著，電視機傳出來的聲響，成了他最後的陪伴，令人不勝唏噓。

共餐時刻，桌上的菜色有滷五花肉、白菜滷、炒地瓜葉、菜脯蛋、和五色蔬菜養生湯。社區的媽媽們有二、三十人輪班當志工，一早八點就來洗菜備菜，用餐完畢，還要幫忙收拾洗滌餐具，忙到下午一、二點。她們認為只要聽到長輩們說「讚！真好吃」，「吃的比在家還要多」，即使再累也是值得的。

「每星期都透支，我們會努力撐下去。」陳振家說。共餐所需的白米和肉菜，有些是靠莊內人的捐贈，很多人看到自己的父母開心共餐，常三千、五千地捐款。然而經費窘迫，經常面臨斷炊的困境，溪州尚水農產公司願意每個月捐贈二〇〇斤白米，讓共餐減少採購白米的負擔，可讓長輩們吃到更豐盛的菜餚。

鄉長黃盛祿表示：台灣目前的高齡化現象越來越明顯。特別是農村地區長輩的年齡普遍偏高，**能夠透過社區互助的方式吃飯聊天，長輩們吃得營養又開心，更凝聚了彼此感情，達到關懷的目的**，所以阿公阿媽的午餐時光，像吃團圓飯一般快

志工們忙著準備共餐的菜餚。

圖／巫宛萍提供　提供

樂。鄉長希望未來能有更多的社區舉辦共餐活動，溪州鄉公所也會盡力協助配合。

共餐能夠讓老人家聚在一起，相互關懷慰藉，無形中人會變得更樂觀、更健康，也可避免耗費龐大的醫療資源，造成社會的負擔。有的共餐據點會推行體操活動，有的會一起包水餃、做鼠麴粿、搓湯圓……。例如淡水「蔡家村」的老人家共耕、共食、共學和自給自足，是民間推動老人共餐成功的案例。

共餐最重要的目的在於陪伴獨居老人，以在地人關心在地人，落實在地老化，是以行動關心長者的大愛精神。

大庄老人共餐地點。圖／黃文吉、劉克敏　提供

幼兒園在地食材午餐

溪州幼兒園的在地食材午餐。圖／巫宛萍　提供

溪州幼兒園的午餐，以往是直接包給廠商做，再逐一送餐到鄉內所有公立幼兒園。「怎麼早、午餐都是餅乾、沙其瑪、保久乳、香腸，多是加工製品，而且青菜這麼少？」鄉公所主秘吳音寧看見鄉內幼兒園的午餐，她質疑：這麼劣質的食材，居然可以通過驗收？

民國九十九年溪州鄉公所以「地產地銷」的觀念，改變了幼兒園食材供應的方式，也是國內第一個強調營養午餐使用在地食材的政府公部門。這些在地食材的來源，有溪州鄉尚水米、當地農民生產的蔬菜瓜果、在地業者製作的手工麵線與豆腐。

全溪州鄉十間公立幼兒園二五〇位小朋友，餐點可以吃到厝邊頭尾伯伯阿姨種植的新鮮農作物，再也不必吃加工食品及食品添加物。為了讓孩童吃得安心與健康，溪州幼兒園高達九成的食材，都是來自當地的蔬菜瓜果，溪州鄉公所目前與十幾位溪州在地農友合作。午餐時間一到，溪州鄉每個幼兒園幼童吃的是糙米加白米飯、三菜一湯，全是有機和減農藥栽培的食材。

推動在地食材計畫後，改為在幼兒園內附設廚房，由尚水農產公司根據當季食材排定菜單、計算菜量，並與農友談定收購事宜，接著由在地司機，每日到農戶收菜，隔天再將一包包新鮮食材送至十個不同村莊的幼兒園。廚媽會根據當日菜單，烹煮出健康的早點、午餐與下午點心。

「過去統一由中央廚房供餐，我們不知道食材的來源與品質，只見成本低廉的再製品或加工食品充斥。」吳音寧說。壓低成本，就會產生回饋或是行賄等惡性循環。藉由找尋在地食材供應行動，配合幼兒園廚媽的把關，以及飲食教育的結合，為孩子找回碗中的自主權。

改變招標方式，是溪州鄉公所推動在地食材計畫的第一步。吳音寧說學校營養午餐的預算編列，食材供應商招標方式，一向採取最低價得標制度，因此品質難以提升。她改採最有利標，不再以最便宜的食材為考量，轉而要求食材供應商提供在地食材，並確保食材的品質。

參與在地食材供應計畫的農民或加工業者，知道產品是提供給家鄉的孩子食用，生產過程會特別仔細與用心。**而孩子們看到碗中的食物，是鄰居伯伯阿姨種的，藉由校外教學，透過農場參觀與體驗，拉近與土地的距離，因而更珍惜食材與懂得感恩。**

「家鄉長輩對晚輩的疼愛，才是最好的調味料。大家以一起克服在地食材的限制，為孩童送出多變化的美味午餐。」陳慈慧道出了農友、廠商以及廚媽們，努力把健康好食材端上餐桌的辛勞。

這一系列從營養午餐至地產地銷，延伸到飲食教育的努力過程，被譽為「嘴巴革命」，這是溪州幼兒園孩童們，得來不易的健康與幸福。

吳音寧（左二）與年輕朋友。圖／巫宛萍　提供

免費英文教學

幾次帶團遊溪州，目的不是營利，而是推廣在地的農村風光、人物故事及溪州特產與美食。況且團員泰半是舊識，所以收費低廉，物超所值，儘管結餘不多，我都會將這筆剩餘的金額，補足為整數，放進一個信封袋，並註明團體單位及旅行的日期。隨著出團的次數，信封袋也漸漸增厚了起來。

僑義國小英語暑期學習營。圖／僑義國小臉書　提供

前年我的母親過世，享年九十四歲，大嫂將母親的金項鍊給我留做紀念。**我手裡握著母親的遺物，思索著如何為母親做一件有意義的事。**去年，我將這條金項鍊變換為現金，並聯絡僑義國小和溪州國中的教務主任。

二所學校對於我的構想非常支持，並願意配合執行。我們計畫在這年暑假開設免費英文教學的課程。小學報名的人數較踴躍，所以上課時數較多。而國中因為已有暑期課輔，報名人數較少，上課的時數只好減少。

僑義國小請二位學校的英文老師，幫忙設計教案，課程內容活潑實用，並每週延請外籍老師進行視訊活動，讓孩子們透過電腦，直接和外國人對話。學校提供了安靜舒適的教室，給孩子們上課，二位老師也冒著暑熱來學校教學。學童們在分組教學之下，英文的聽說能力有很大的進步。

長期以來偏鄉地區的英語教學與都會比較，落差很大。以我的孩子在台北為例，小二即利用課餘補習英文，上了國高中也是沒有間斷，所以會話閱讀能力不錯。大二時候，又到國外當交換學生一年，英語程度已能和國外大學接軌。反觀農村的英語環境與設備，皆明顯不足。

有一些住在都會地區的親友，他們為孩子投注的財力，更是令人咋舌。幼稚園開始讀雙語學校，每學期繳的學費，比唸醫學院還昂貴。小學之後，有些是半天英文，半天中文課程；有的使用美國教材，與國外同步教學。反觀城鄉如此懸殊的教育差距，鄉下孩子的英文能力早已望塵莫及了。

有一次，在計程車上聽司機先生述說自己的經歷。中年失業，他以開計程車維生。為了爭取更多的載客機

英語暑期學習營，學生上課反應熱烈。

圖／僑義國小臉書　提供

會，就利用瑣碎的時間學習英文會話。他很欣慰自己辛苦學會的外語，讓他的收入比同行的駕駛高出許多。

知名餐飲業招募外場服務員，熟諳外語的錄取機率和待遇，比沒有外語能力的高。各行各業競爭激烈的今天，學習外語，除了幫助自己開拓視野之外，可能也是未來的謀生之道。

帶團的盈餘和母親遺留的金項鍊，搭起了溪州子弟學習英文會話的橋樑。期許自己：日後，將以棉薄之力，繼續為家鄉的孩子們，多開一扇學習英語之窗。

「英語暑期學習營」活動結束合影。圖／僑義國小臉書　提供

做，就對了

坑厝村中元普渡的肉山。圖／黃文吉、劉克敏　提供

每年的中元普渡是村裡最熱鬧的節慶，廟前一排排的供桌，擺滿了各式各樣的供品。豬羊搭成了「肉山」來普渡好兄弟，在外打拚的子弟，也藉中元節拜拜，返鄉探親之外兼打牙祭。

民國八十二年，輪到我們這一鄰負責普渡祭儀。阿吉和我雖在外地工作，也願意分擔一切費用，唯一的要求是不能請歌舞團跳脫衣舞。但是鄉親以歌仔戲、布袋戲沒人看為理由，拒絕了我們的建議。

阿吉在無力勸導又不願配合的情況下，做出這個決定。他把負擔普渡演戲的費用，全部買了適合兒童閱讀的書籍。中元普渡當天，將幾箱的新書，擺上了供桌。並用紅紙寫著：「用請歌舞團的錢買書，拜完後捐給僑義國小。」當天的現場，引來許多村民的圍觀，大家為這些圖書供品感到好奇之外，也豎起拇指，給予讚賞。

買書供奉神明，是希望故鄉子弟多讀好書，並取代不雅的祭拜儀式，期望對鄉里有移風易俗之效。

村裡的傳統歌仔戲、布袋戲，早已被衣著暴露、妖嬈的歌舞女郎取代。台上的肢體動作越是不堪入目，台下群眾的情緒越是沸騰。我不解為何純樸的鄉下，公然表演低俗的歌舞，用以祭饗鬼神。連目不識丁的婆婆也不以為然：「那些人愛看脫衣舞，羞世羞眾！」

十多年前，公公過世，阿吉辦完了父親的喪事，就將親友致贈的奠儀，分給兄弟。阿吉和我商量，屬於我們的部分，就以父親——黃俗的名義，將這筆奠儀，補足十萬元整數，捐贈給阿吉服務的學校——彰化師大，作為國文學系清寒獎學金，鼓勵家境貧困的同學。給獎的名額計二十名，每班二名，每名五千元。

數年前，阿吉獲得彰化師大傑出學術研究獎，他把全部的獎金三萬

作者挑供品去拜拜。

圖／黃文吉、劉克敏　提供

將中元普渡演戲的費用捐書給僑義國小。

圖／黃文吉、劉克敏　提供

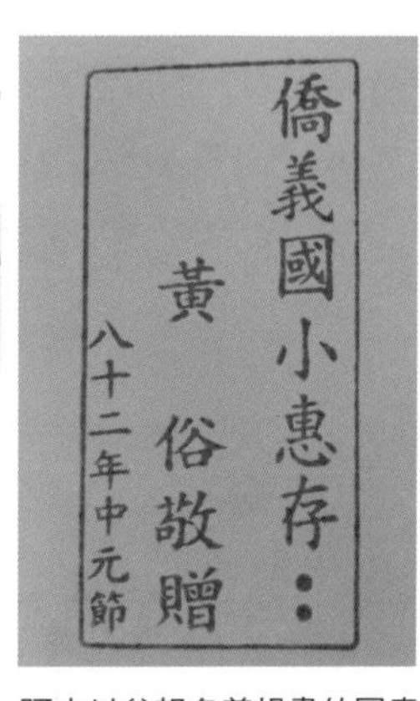

阿吉以父親名義捐書的圖章。

元，以母親黃詹鏡的名義，捐贈國文系，設置清寒優秀獎學金。三年前，阿吉自服務二十多年的彰化師大退休，捐贈了十萬元，也是以母親名義，幫助系上清寒的學生。

阿吉感念父母在田裡勤苦一生，及栽培子女的恩澤，因此以父母之名捐贈獎學金，並鼓勵清寒學生不畏艱難環境，努力向學。

祖先留下的這塊土地，餵養了代代的子孫。今天我們在社會上掙得了一點小小的成就，雖然滴水無以回報泉湧之恩，僅以微薄之力幫助家鄉和外地的子弟。

證嚴法師曾說：「做，就對了！」回饋社會和鄉里的腳步雖然緩慢，我們將永遠不會停歇。

八、逗陣來迫迌

——旅遊景點

帶團溪州二日遊行程表

帶退休同事遊溪州。圖／黃文吉、劉克敏　提供

溪州農村二日遊的行程，是我為了與同事分享家鄉的美好，特別設計的活動。從中可認識家鄉近年來抗爭之後的蛻變，拜訪友善小農耕作經驗、採摘無毒蔬果，並欣賞百年老建築和溪州景點。近距離了解鄉土詩人吳晟的文學和平地造林的理念之外，在樹林裡向農婦學做草仔粿體驗。此外親訪市場品嚐在地小吃，並到村內阿桃嬸家享受道地的古早料理⋯⋯等，這是一般旅行團體無法做到的庄腳微旅行。

第一天行程：

車行金色公路（沿中山路欣賞黃花風鈴木，三月是開花期）

—拜訪農家溫室瓜園（摘採小黃瓜）

—午餐（溪厝社區媽媽們的家鄉味）

—萬景藝苑（鷺鷥園林、盆栽與寶物收藏）

—漫步日式古蹟：三條派出所（彰化縣最美派出所）

—百年成功旅社（二層日式洋樓，昔日高檔旅社）

—溪州基督長老教會、天主教聖智堂（歐式造型，是溪州獨樹一格的漂亮建築）

—晚餐（有名的溪州羊肉爐，不食羊肉者另備其他晚餐）

—夜宿美麗的明道大學實習旅館

第二天行程：

—早餐（傳統市場蚵仔麵、油蔥粿）

—溪州公園漫步（面積一二三公頃，是大安森林公園四．七倍）

—純園做草仔粿體驗（樹林裡鄉村媽媽們教做古早味）

—午餐（阿桃嬸的鄉村料理）

—圳寮村徒步漫遊（三合院古厝、詩牆、社區巡禮）

—拜訪農家果園（摘採珍珠芭樂）

—二林酒莊（免費品嚐紅白葡萄酒、免費採地瓜葉，請自備袋子）

—回程（大溪保健植園養生餐廳晚餐）

二日遊介紹

各位退休好同事：

新年快樂！新的一年，送給大家第一個禮

物——溪州農村二日遊的行程。這是外子故鄉才有的私密景點，動用了老家的人脈，是一般的旅行團體無法做到的在地旅遊。二天的慢活行程，可以深入認識農村裡默默耕耘的小人物、大故事。享受農村古早料理、農家蔬果園採摘體驗、欣賞日式老建築，並近距離了解鄉土詩人吳晟的文學和平地造林的理念（二公頃的農地，種三千多棵台灣原生種一級木）。其他還有萬景藝苑的奇花異樹、古董珍玩、樹林下做草仔粿，造訪三合院古厝，還可品嚐美酒等，夜晚住宿於美麗的明道大學實習旅館。

期待您來體驗獨一無二的庄腳微旅行。

帶士林國中同事遊溪州。圖／黃文吉、劉克敏　提供

帶團溪州二日遊之一

帶啟智學校同事二日遊。圖／黃文吉、劉克敏　提供

一大早來到集合地點，昨晚下了一夜雨，滿地泥濘。三月的綿綿細雨，讓我規劃許久的旅行，還未出發就蒙上一股焦慮。看見報名的朋友們，拖著行李撐著傘，準時的上了遊覽車，心情也隨之輕鬆不少。

每一次的帶團旅行，都是一場困難和冒險的行動。從規劃行程、聯絡參訪農家、景點、餐廳、遊覽車，以及詢問登記每個人的身分證字號及出生日，以便辦理保險，還有回答朋友用餐葷素等不同的細節問題。沒有任何幫手的情況下，全憑一股傻勁和熱血投入。

最讓人憂心的是行前人數不足，急切的拜託朋友報名。有一次，出發前一日突然有人退出，必須火速找人補位。報名的朋友一律未繳任何訂金，所以旅行當日若放鴿子，我得自行負擔，幸運的是從未遇到開天窗之事。

大家坐定閉目養神之前，我得把握十分鐘的時間，簡短介紹我為何退休之後，兼差帶團遊溪州的原因，以及溪州的二天一夜行程內容。

為了克服緊張，我事先條列了重點，腦袋強記許多溪州的人文風景，當然最不能遺漏的是鄉人如何抗爭公權力，團結護鄉的行動。二天的旅程，在遊覽車上，一一的向朋友們解說導覽，希望大家對樸實的農村生活，有更深入的了解。

正午前，遊覽車開進了溪州。行經中山路時，天氣清

靜修女中同事遊溪州團體照。圖／黃文吉、劉克敏　提供

朗，已揮走了北部的淫雨。**兩旁的黃金風鈴木，滿樹澄黃色的花朵，像是張開雙臂迎接我們。**朋友們多數未見如此勝景，沿途歡呼讚嘆，並要求下車拍照紀念。

第一站拜訪農家溫室的無毒小黃瓜，瓜棚下結實累累，大伙摘得不亦樂乎。下一站是附近的珍珠芭樂園，珍珠芭樂是溪州特產，果實不大但清香甜脆。農場主人大方讓我們摘來試吃，因此買氣沸騰，每個人提著大袋小袋返回車上。

帶士林國中同事遊溪州。

圖／黃文吉、劉克敏　提供

三條派出所的熱心警員開放辦公室，讓我們參觀日治時期建築，派出所門前的老芒果樹，繫上紅色的緞帶，表示已列神明的地位。逛百年成功旅社，原來是昔日五星級的旅社。逛完萬景藝苑，有人直呼不可思議，咋舌稱讚。小鄉村居然珍藏無數的奇花異樹，及高檔工藝原木作品。

華燈初上，我們直驅羊肉爐店，品嚐溪州的特產。有濃郁藥材、清甜蘆筍或麻油老薑等口味不同的羊肉爐。當日現宰的黑山羊，嚼勁與口感遠勝於一般冷凍切片羊肉。吃完，各個臉面潮紅，終於領教了溪州土羊的威力。

帶團溪州二日遊之二

溪州之旅的團員有三十四人，多半是以前任教學校的同事，所以彼此熟稔，一起出遊像是開同學會，氣氛自在又熱絡。當晚夜宿明道大學的實習旅館——閑逸旅棧。明道大學的校園優雅靜謐，鵞湖夜色更讓人褪下白日的疲憊。

帶團參觀純園，與吳晟老師合影。圖／黃文吉、劉克敏　提供

翌日一早，溪州訂購的蚵仔炒麵、油蔥粿準時送來旅館。這二味是每到溪州街仔，我必點的在地早餐。

第二天的行程內容精彩，先是到溪州公園漫步拍照。美麗的三月天，百花齊放。溪州雖是個小地方，卻有一座比台北大安森林公園大四．七倍的公園。每年的農曆年，這裡都有大型的花展，並販售在地農產品和美食，展至元宵節左右，遊客如織，非常熱鬧。

因為時間有限，只能在前面的公園區走走，後面的森林區與苗木區，只有留待他日再訪。

遊覽車載著我們一路開往圳寮村，看到紅色的牌樓，就知道吳晟老師的家到了。吳老師是「從田野間走出來的農村詩人」，今天將要到吳老師的純園，體驗草仔粿的製作。

吳老師為了紀念母親曾經在這裡勤苦一生的耕作，因而以母親之名，取名「純園」，昔日良田如今變為種植三千多棵台灣原生種的樹林。我們到了樹林中央，幾位農婦模樣的婦女，早已備好草仔粿的材料，等待著我們現場實作。

大伙圍著長桌，手捧月桃葉，依著步驟，填入糯米、菜脯、花生、絞肉等材料，小心翼翼的再用棉繩紮緊綁結，然後送進大灶裡蒸煮。炊好的草仔粿Q彈美味，大伙紛紛加碼訂購，約定下午回程時候，再來取貨。

樹林的周遭被水田圍繞，這些都市佬顛危的走在田埂上，費力地來到溪州尚水米公司的倉庫，了解無農藥和無化肥的稻米，

團員走在田埂參觀稻田。圖／黃文吉、劉克敏　提供

如何和農民契作及分類包裝，行銷各地的情況。

團員裡有不少人第一次探訪農家，三合院古厝、樹枝圍籬、後院菜園、土牆瓦甕、雞犬相聞……，走在圳寮村的巷弄裡，對傳統農村建築與生活型態，有截然不同的感受。

我們走到阿桃嬸家，看見一位農婦裝扮的阿媽忙進忙出。屋前廊下，已擺滿長桌佳餚和大桶熱湯。大伙迫不及待的拿起碗筷隨意自取。阿桃嬸是村裡辦桌老手，兒女都在外地工作，她堅強的留在鄉下，獨立生活。阿桃嬸一早即開始準備各種食材，煎煮炒炸，一人完成如此豐盛大宴。同伴們對鄉下阿媽的古早料理，嘖嘖稱讚，且鼓掌叫好。

每次帶團之後，總是告訴自己：這是最後一次啦！然而，一段時間之後，**想要把溪州的美好告訴大家，那股念頭又在心裡蠢蠢欲動了。**

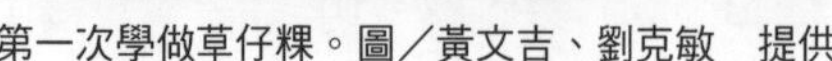
第一次學做草仔粿。圖／黃文吉、劉克敏　提供

呼朋引伴遊溪州

朋友遊溪州合影。圖／黃文吉、劉克敏　提供

我不是溪州人，是溪州的外省媳婦。我不住在溪州，工作和家庭，一直都在台北市士林區。退休後，經常帶朋友們來溪州遊覽。少則三五好友，多至三、四十人，親朋好友對溪州這個地名，早已不再陌生。

春節期間，幾位朋友來住一晚。我們騎鐵馬在田間穿梭，到溪州花博看花卉展覽，累了就找一棵大榕樹下，坐在老榕的氣根上，邊啃水煮白玉米配滷豆乾，邊聊著過去與未來。

回到家裡，鄰居剛好送來一包菜脯。鄉下的菜脯因為日照充足，所以炒蛋或炒蒜苗，特別的香。然而讓人發愁的是，不知如何處理這麼多的菜脯。

「我來炒小魚干菜脯，給你們嚐嚐。」朋友說。進入廚房，菜脯清洗浸泡之後切成碎丁，豆干切細長條。油鍋爆香蒜頭、蔭豆，依序放入菜脯、豆干、丁香小魚干拌炒，然後放些醬油、糖、胡椒粉，最後丟入青蒜苗快炒。若想吃辣，可放些辣椒或辣椒醬。

阿根廷朋友在鄉下做印度菜。
圖／黃文吉、劉克敏　提供

第二天，朋友們離開了。面對剩下的一包菜脯，靈機一動，我又進入廚房，洗浸切炒，刀劃齊下。之後，一鍋香噴噴的小魚干菜脯出爐。分裝成罐，送給左鄰右舍分享。

朋友們來鄉下，陪他們逛溪州的古蹟、造訪詩人吳晟的純園和玻璃書屋。朋友中有一位是阿根廷人，他早已說好，要表現拿手的印度料理和吉他演奏。於是，那一夜的印度佳餚伴著吉他樂曲，也是古厝裡的奇妙體驗。

另一回，同事六人分乘兩車，由台北浩浩蕩蕩南下。大伙吃遍我所推薦的溪州美食：酸菜豬腸湯、外省麵、綜合滷味拼盤、糯米腸、羊肉爐……。夜晚又買了扁鼻仔賣的紅燒魚、白斬鴨肉和其他小菜，搭配溪湖的紅葡萄酒。鄉間料理雖不同於一般餐館的美食，卻是朋友們難忘的回憶。

第二天的活動，是拔油菜體驗。多年來，四分多的田地讓給表哥種稻。這段時間，稻米收割之後，表哥撒下油菜種子，長大的油菜主要當作肥料，也可以食用。今年油菜長得特別好，所以表嫂日前就通知我去採摘。朋友們在田裡享受著農人豐收的喜悅，不自覺摘了一大堆的油菜。這時，一位老農盯著我們許久，「阿伯！我們從台北下來採菜，這塊是我的田地。」怕他誤會我們是偷菜賊，所以趕快自清。「你們拔錯了！這塊田才是我的。」老農篤定的說。「啊！」大伙同時驚呼。「歹勢啦！我以為這是我的田地，這些油菜還給你吧！還是，我買下來，好嗎？」原來我的田在老農的隔壁。老農淡然的說：「沒要緊！你們摘，有夠吃，就好了！」

一段時間沒有帶人來溪州旅遊，就會有一股想要把家鄉介紹給好朋友的衝動。

帶朋友到農田拔菜。圖／黃文吉、劉克敏　提供

全台最大的平地森林公園——溪州公園

溪州公園在我心目中是家鄉排名第一的景點，面積廣達一百二十三公頃，她比台北大安森林公園大四．七倍，是全台灣最大的平地森林公園。民國九十三年溪州公園首次舉辦花卉博覽會，轟動全國。此後，縣府每年春節在此舉辦「花在彰化」，吸引造訪的人潮屢創新高。

溪州公園正門。圖／黃文吉、劉克敏　提供

今年春節「2018花在彰化燈會」登場，遊客白天可以欣賞花海景觀，溪州公園規劃夜間燈光裝置藝術，首度開放夜間參觀，夜間的花燈繽紛炫麗，讓民眾享受到了一場不同以往的燈光盛宴。偌大的園區居然不收門票，溪州人的幸福，真是令人欣羨。

溪州公園包含了公園區、森林區及苗木區。民國九〇年林務局推動平地景觀造林補助計畫，鼓勵平地造林。溪州鄉的台糖土地，其中數十公頃闢為林地，遍植光臘樹、苦楝等樹苗，如今已長成綠蔭盎然的森林區。在森林區的木板棧道上漫步或疾行，都是吸收芬多精、療癒身心的最好途徑。

苗木區是全台面積最大的景觀「苗木生產專區」，占地五十三公頃，具有育苗、生產、交易、觀光等多功能用途。遊客除了在公園區參觀漫步之外，也可騎車

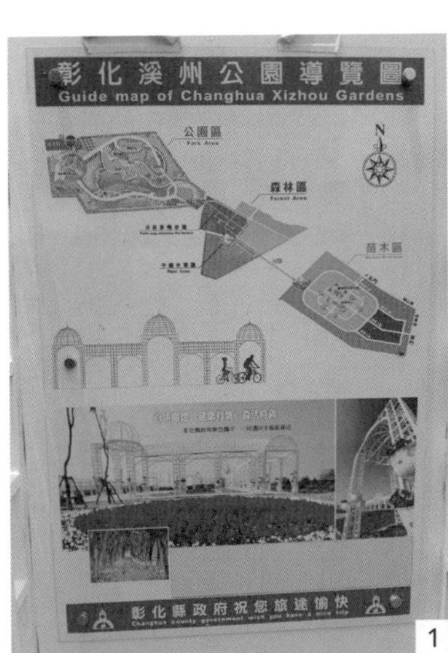

1. 溪州公園導覽圖　2. 公園區生態池　3. 公園區產業陳列館。圖／黃文吉、劉克敏　提供

1. 森林區步道及自行車道　2. 森林區芬多精步道　3. 苗木區服務中心。圖／黃文吉、劉克敏　提供

在森林區、苗木區內的自行車道悠遊。

春節期間，溪州花博的展覽在公園內盛大舉辦。幾年來廣受全國民眾喜愛，是國人春節旅遊十大景點之一。遊客可搭園區嘟嘟小火車遊園，餓了還有美食園遊會。產業陳列館有室內花卉展覽和園藝造景，美不勝收。另外，園區還有親子遊戲區、農特產展售會、舞台區隨時有不同的精彩演出等等。

今年彰化縣政府和國際青年商會繼春節「花在彰化」之後，又在三月十七、十八日打造一場親子派對，於溪州公園舉辦露營盛會。除了有精彩的表演節目，親子還可一同挑戰環湖闖關活動。

溪州是中部的一個農鄉，我若沒有嫁做溪州媳婦，恐怕沒有機會深刻了解她。她的樸質與平凡，就像食物的原本滋味，不須調味和擺飾，讓我見識到農村單純的美好。

溪州公園像是一位薄施脂粉、自然端莊的姑娘。**她的美麗是需要你停下腳步，仔細端倪，用心體會，才驚覺到單純的清麗優雅，才最是耐人尋味。**

不論你是否為溪州人，有空的時候，多來溪州公園走走吧！美麗的風景會因為你的光臨而更嫵媚動人。

全縣老樹最多的公園——溪州森林公園

溪州森林公園正門。圖／黃文吉、劉克敏　提供

「溪州糖廠曾經是台灣三大糖廠之一，妳可以想見當年這裡多麼熱鬧。」阿吉指著一片樹林，述說溪州森林公園曾經風光一時的繁華景況。「後來，與彰化、溪湖糖廠合併，溪州糖廠就走入了歷史。糖廠和員工日式宿舍群，也全被拆光了。」阿吉無限感慨的說。「小學時候，當時的台糖子弟就讀南州國小，而我們農家子弟讀的是溪州國小。」

民國五十九年，台糖車站停止辦理客貨運業務，糖鐵溪州站從此走入歷史。而今，公園內放置一輛昔日台糖五分仔車——順風牌47號內燃機車，還可看見過去的平交道號誌、鐵欄杆、鐵軌及月台燈柱。

曾經繁忙的台糖鐵軌道拆除後成了人行道，老舊車站重新建造，雖沒有載運的功能，卻是讓人緬懷昔日載運旅客的場景，證明著溪州糖廠曾經走過的風光歲月。

「溪州與糖廠的關係緊密，當年的宿舍、辦公室、拾翠樓卻全被拆除了，只能從老照片裡回憶。」阿吉悵惘的說。聽說拾翠樓昔日是招待外賓的招待所，建於日治時代，是屬於和洋建築的歷史古蹟。台糖舊辦公室拆除後變成現在的溪州森林公園。拾翠樓如今改建為網球場。昔日的溪州製糖工廠原址，就在現在的溪州全聯與明道大學宿舍附近。

1. 拾翠樓　2. 溪州森林公園入口巨石　3. 古木參天　4. 五分仔車頭。

圖／溪州鄉公所網頁、黃文吉、劉克敏　提供

民國八十九年溪州鄉公所於溪州糖廠舊址，設立了溪州森林公園，提供鄉民有個休閒運動的公共空間。溪州森林公園的古木參天、枝葉濃密，也是彰化縣老樹最多的綠蔭公園。民國九十九年鄉長黃盛祿首度將老樹提報登錄，並進行「老樹園區」及周邊五分車道的整建綠美化計畫。

森林公園旁的舊鐵道上有一排很有詩意的苦楝秘境，每年三月開滿淡紫白花，苦楝步道是一條適合乘涼散步的小徑，鄉公所在步道上設置詩人吳晟描述故鄉的三首詩牌。

每年溪州黑泥季，地點選在溪州森林公園旁的台糖土地上舉行。活動內容有農民市集、黑泥遊樂園、黑泥競賽和大型演唱會。這塊廣大的台糖土地，是溪州農鄉舉辦各種活動及露天演唱會的最佳場所。

民國一〇六年台糖公司擅自把溪州森林公園旁的十三棵珍貴老樹，以賤價賣給園藝公司。當天包商移植斷根的老樹，幸經民眾主動通報，鄉公所得知後即時搶救，終於成功護樹。然而遭斷根的老樹，元氣大傷，鄉公所成立「護樹小組」，悉心維護受傷的老樹，讓老樹全數恢復生機和綠意。

如今，糖廠的歷史建物已被拆除，珍貴的文化資產未能保存下來，徒留溪州子弟扼腕而長嘆。**溪州森林公園的老樹群，是溪州人共有的自然與歷史資產，需要大家一起來盡力守護。**

溪州森林公園是一座休閒運動公園，設有網球場、槌球場、兒童遊樂設施等。我們牽著單車緩步慢行，緬懷昔日的榮景。整座公園如一支綠色巨傘，讓人暑熱全消。附近居民三五成群在樹蔭下納涼聊天，享受農村悠閒慢活的美好。

攏是寶的私家園林——萬景藝苑

萬景藝苑，原是溪州鄉的一處私人園林，民國一〇三年五月起才全面對外開放。記得以前必須等到農曆過年，才有機會入內參觀。整個園區占地五甲多，園內有亭台樓閣、小橋流水等中國風的園林造景，古木奇石和珍貴盆景。另外，園區內的三幢建築，分別為紫檀閣、雞血石館、佛教文化木雕館。

萬景藝苑門口地標。圖／黃文吉、劉克敏　提供

園區的台灣原生種或罕見的樹木，有的樹齡超過百年以上。在園林間散步，彷彿來到古代的皇宮後花園一般。園內奇花異樹間點綴著四十公噸的豐田玉（台灣玉）、三江石、朱銘石雕等大器石材。朋友的父親參觀園林之後，豎起拇指說：「沒有想到，

萬景藝苑正門。圖／黃文吉、劉克敏　提供

鄉下竟然有這麼高檔的花園和古董藝術品。」

記得有一年過年，居然在萬景巧遇我台北的同事，他們開車南下，專程來看佛門聖樹「無憂樹」。據說佛祖在無憂樹下誕生，此樹被視為吉祥的象徵，是非常珍貴稀有的植物。與同事逛完園區，順道帶他們巡禮溪州的其他景點和美食，略盡地主之誼。

幾年前的大年初五，家鄉老宅進來了一對夫妻，原來是我住台北的鄰居。他們說剛逛完萬景藝苑，順道探訪我們。鄰居由電視廣告介紹萬景，專程趕來觀賞有天下第一奇花之稱的「地湧金蓮」。金黃色花苞從鱗莖抽出，就像蓮花從地底湧出一般。此花來自印尼，花期很長，被佛教寺院奉為五樹六花之列。「我們來看地湧金蓮，沒想到萬景收藏的石雕和木雕價值連城，真是了不起！」鄰居再三表示長途驅車來此，真是不虛此行。

十多年前農曆過年期間，萬景免費招待鄉民參觀。我們和婆婆推著輪椅上的老姑媽，一起來到萬景。姑媽雖然是溪州居民，平常農務繁

1. 地湧金蓮　2. 無憂樹。圖／黃文吉、劉克敏　提供

重，也無心遊覽，所以不曾入內參觀。生前僅去過一次萬景的老姑媽，讚歎歡愉的表情，至今仍印象鮮明。

萬景最引人的仿唐式建築「紫檀閣」，外觀富麗堂皇，是進口的寮國油杉原木榫接而成。建築裡面展示了多件價值不斐的收藏品，有仿清宮皇帝的紫檀龍桌、九龍屏風、貴妃床、檜木及白玉觀音……。雞血石館收藏了重達一噸的雞血紅碧玉石和百駿奔騰的雞血石，都是上等石材的精湛雕工。園主是虔誠的佛教徒，因此佛教文化木雕館，收藏了不少佛畫與雕刻等藝術精品。

民國八十一年陳蒼興董事長看到百年老樟樹躺在樟腦油工廠前，等待榨油，卻仍吐出嫩芽，陳董心生憐憫

1.、2. 仿唐式建築的紫檀閣　3. 水景。圖／巫宛萍、黃文吉、劉克敏　提供

而購買認養，讓老樟樹得以重續生命。因為這個機緣，他成立了老樹收容銀行，進而創立以台灣原生植栽為主的園林，並增建亭台樓閣等中式建築。數十年來陸續擴充，目前成為台灣頗具規模的庭園景觀。

當初陳董事長很想把中國萬般景色帶回台灣，所以取名「萬景藝苑」。**這片攏是寶的園林，一步一景色，讓人嘆為觀止，是值得一再重遊的地方。**

展示品。圖／黃文吉、劉克敏　提供

最富人文氣息的平地造林——純園

民國八十九年，吳晟老師在祖先留下來的二公頃土地，種了三千多棵台灣原生種樹苗，並且為了紀念母親——陳純女士，取名為「純園」。吳老師的平地造林堅持不噴農藥、除草劑，成為周圍有機稻田的庇護基地，他希望延續母親愛護土地的精神。

在純園照顧樹林的莊芳華老師。
圖／黃文吉、劉克敏　提供

「我們夫妻每天來到純園，我看天看樹，而我太太都看地上。」吳老師笑說來純園為的是散步，而他的妻子——莊芳華老師卻是來做繁重的整理工作。他們從退休以後，投注了許多心力和財力在這塊土地上。吳老師為樹園裡的樹木，做了一個有趣的口訣：「一隻烏毛雞，騎在黃牛背上」。烏心石、毛柿、台灣櫸木（台語叫雞油）、黃連木、牛樟等，都是珍貴的台灣原生種一級木。

吳老師效法母親敦親睦鄰的寬厚個性，將這片樹林開放為公共空間，因此，純園大門雖設而常開，這裡是農鄉文學藝術和自然教育的園區。吳老師的朋友、鄰人和附近農友們，經常來這裡喝茶休憩和聊天，頗有過去店仔頭的景象。**吳老師喜歡在純園接待朋友，在樹林簇擁之下，清風徐來，這裡應是我的人生經驗裡，最舒適的泡茶和閒聊的場所。**

樹林中央有一棟二層樓的建築物，樓上是大通鋪，可供十餘人住宿或其他用途，目前則是給華德福學校使用。樓下則是一個沒有圍牆的大平台，有露天舞台、長桌、木椅和簡單的泡茶設備。

純園小徑。圖／黃文吉、劉克敏　提供

民國一〇三年吳晟為母親的百年冥誕，舉辦了一場農村音樂會。當時藝文界朋友和鄉民在樹林裡共賞歌曲，讓人留下深刻的印象。另外，純園也曾辦過農村詩歌體驗營及樹林導覽等多項活動。今年年初，我在這裡參加「療癒花園與有機建築工作坊」的五天課程。冷颼颼的樹林裡上課，我居然沒有感冒生病，也許是樹林散發的芬多精讓病菌遠離了吧！

最近，純園承接了另一個新的使命。原來在古坑的華德福實驗學校，將搬遷到吳老師的純園。純園的生態豐富，周圍環境皆是無農藥的友善耕作，符合學校以愛出發，適性發展、引導孩子自我學習的教育精神。這套不同於傳統體制的教育系統，並非填鴨式學習，不以考試分數為導向。讓孩子透過農耕、工藝和藝術課程，提升了適應環境和生活美學的能力。華德福學校另類的教育方式，頗能實踐全人均衡發展的精神。

吳老師除了自己種樹，也把樹苗、樹木送到台灣各個角落，他希望喚醒人們的環保意識，大家一起來愛護這片土地。吳晟說他要讓這些樹存續百年，在平地留下樹林給下一代。

今後純園，將成為孩子們的大自然教室，吳老師不僅「十年樹木」有成，也為「百年樹人」承擔了重要的教育使命。

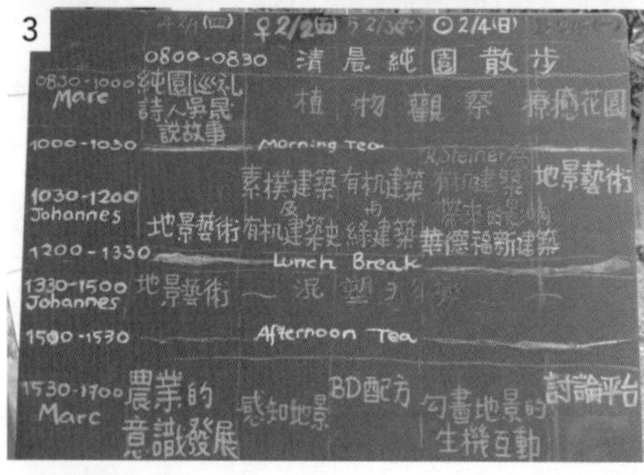

1. 樹林中上課

2. 繩梯及索橋

3. 舉辦活動課程表。

圖／巫宛萍、黃文吉、劉克敏　提供

遠東第一大橋——西螺大橋

阿吉讀僑義國小的時候，最興奮的事，就是每年一度的遠足活動。他說地點是從學校步行到離校不遠的西螺大橋而已。雖然只是帶著便當和同學一起去郊遊，但就足以讓他整夜高興得輾轉反側。我問阿吉書包裡帶了哪些零食和水果，他說我不了解民生疾苦，和晉惠帝詢問飢民「何不食肉糜？」一樣的心態。空蕩蕩的書包裡只有便當，便當盒裡的米飯，僅有一顆淋了醬油的荷包蛋。全校師生越過西螺大橋，步行到橋下之後，坐在濁水溪旁的石頭堆上，打開飯盒吃起早已冷掉的米飯，卻是當時孩童們最快樂的時光。

西螺大橋舉辦「溪州囍事」活動。
圖／巫宛萍　提供

氣勢磅礴的西螺大橋。圖／黃文吉、劉克敏　提供

阿吉說小學五年級的課本，有一篇介紹西螺大橋是遠東第一大橋的課文。同學們都覺得與有榮焉，因為家鄉有一座聞名世界的景點。夜晚，在學校的二樓即可眺望大橋的燈火明滅。

西螺大橋橫跨濁水溪下游，連接雲林縣和彰化縣，是位於西螺鎮和溪州鄉之間的橋樑。全長一九三九公尺，有三十一個橋孔。於日治時期一九三七年開始興建，日本人採用了英國的專利設計，規劃並建好了三十二個橋墩。國民政府遷台之後，在美國的奧援下，提供龐大的工程費、鋼鐵和技術。西螺大橋終於在民國四十二年通車，解決了兩岸居民轉乘鐵路或竹筏的交通困境。完工當時是僅次於美國舊金山金門大橋，居世界第二大橋，有「遠東第一長虹」的美譽。它位居昔日台灣西部縱貫公路的交通要衝，提供車輛南來北往與貨物運輸的通路。當時橋上也鋪設鐵路，供台糖小火車行駛，形成鐵公路同行的現象。直到民國六十八年，以妨礙交通為由，拆除了橋上的鐵路。

中沙大橋與溪州大橋完工後，西螺大橋的功能降低，於是由省道轉為縣道，只供小型車輛、機車、自行車通行。有一度曾被提議，大橋因為老舊應予拆除。然而在雲林縣和彰化縣政府努力斡旋之下，民國九十三年西螺大橋轉型為觀光大橋，並列入兩縣的歷史建築。

民國一〇一年公路迷在網路上舉辦「公路八景」票選活動，投票結果出爐，由具有人文歷史意義的古蹟——西螺大橋奪冠，票選特色是「歷史和特殊紅色橋體吸引遊客」。次年溪州鄉公所與西螺鎮公所合辦文化季活動，溪州鄉公所以「溪州囍事」為主題，舉行盛大千人變妝的迎親活動，踩過西螺大橋，迎接通車六十週年紀念。民國一〇五年溪州黑泥季，透過玩泥趣的小旅行，帶領大家到西螺大橋下的濁水溪河床，體驗沙土泥的自然觸感，並了解濁水溪流域的文化歷史。

西螺大橋的橋面雖然狹小，只有兩線道，但是每次和阿吉騎著鐵馬行經大橋，內心總是悸動不已。**迎面而來的紅色橋身，鋼構造型前衛，歷經一甲子歲月，仍可感受到磅礡無比的氣勢。**

西螺大橋側影。圖／黃文吉、劉克敏　提供

百年的檜木建築——成功旅社

百年成功旅社。圖／黃文吉、劉克敏　提供

成功旅社，建於大正時代（一九一二至一九二五）。它見證溪州從繁華到沉寂的歷史過程。溪州早期有糖廠，後來又有台糖總公司，曾經歷過一段風光的歲月。民國五十九年，台糖總公司遷回新落成的台北辦公大樓，成功旅社生意從此一落千丈，最後不得不結束營業而荒廢了三十年。直到民國一〇〇年，一群熱愛鄉土的年輕人組成「我愛溪州」工作團隊，看中成功旅社的風韻，於是商得屋主同意，重新加以整修，將它改造成販售當地農產品的農用書店。

旅社的一樓販售「溪州尚水農產公司」的稻米，還有多種農業相關書籍、二手書。二樓房間有昔日留下來的木造床架、古早家具用品，重現老旅社的昔日手采。這是個複合式空間，有客廳、圖書室和咖啡吧檯，可以放映電影、舉辦討論會、講座、展覽，也成為當地文化「沙龍」的根據地。

溪州鄉公所前秘書吳音寧表示，**當初是為了市場的更新，做調查訪視，意外地看見了隱身於街道的成功旅社**。雖然密閉殘敗，但感覺很有歷史味道，打聽之後才發現，**原來是近百年歷史的檜木建築**。

「以前這裡是中部很大的西醫醫院，後來變成旅社，一個房間四十元，差不多是現在的七、八〇〇元，不過我從來沒住過。」八十多歲的退休老師上了二樓房間，滔滔不絕的分享兒時記憶。

成功旅社的房間。圖／巫宛萍　提供

成功旅社內部布置；成功旅社導覽。圖／黃文吉、劉克敏、巫宛萍　提供

剛建時，這裡是一層樓的「養真醫院」，歇業後一度改為百貨行，隨後轉手成為「大林旅社」，並增建第二層樓。民國四十五年轉手給現在屋主陳義順的父親，改名「成功旅社」，當時台糖總公司部分遷至溪州，開啟了當地最風光的歷史。

小小一個溪州，全盛時期有四間旅社、八間茶室、二間戲院，南來北往的商人、戲班子，聚集在熱鬧的街道上討生活。成功旅社於是在後樓，又蓋起四層高的「竹管厝」，房價相對低廉，專供江湖藝人、賣糖葫蘆、膏藥的小生意人住宿，當時被稱為「販仔間」。

屋主慨然將成功旅社出借給溪州團隊，並協助舉辦「成功旅社百看溪州」老照片展覽。之後又無償出借二年，讓年輕人在此發揮文創產業，並為家鄉推廣友善有機農業。

成功旅社經過許多愛好鄉土的熱心人士幫忙，讓古蹟活化再利用。如今不但是在地景點，許多文青喜歡來此參觀並拍照打卡，也是販售、展示場及舉辦各式活動的空間，更成為人們可以親近的百年建築，具有歷史和文化意義。

彰化縣最美的派出所——三條派出所

三條派出所。圖／黃文吉、劉克敏　提供

數年前，我和三十四位朋友搭乘一台遊覽車，浩浩蕩蕩來到三條派出所。到達目的地，大伙不相信眼前鮮綠窗框搭配墨黑的木造房子，是全台唯一沿用至今，屬於日式建築的派出所。由於建物長期以來有警方進駐，才得以完整保留。朋友們對隱於鄉間的老派出所，感到非常新奇，紛紛拿起相機，拍個不停。

已有八十多年歷史的三條派出所，是國內少數保留完整的日式檜木建築。被譽為「彰化縣最美的派出所」。門前有一棵年紀相近的芒果樹，民間習俗繫上紅色布條，已封之為神。「建築雖老，一走進來感覺到房子在呼吸，這是一棟有生命的建築。」員警說，派出所裡常駐的警員有十名。它曾歷經921大地震，主體結構依然保存完好。派出所是和洋折衷式建築，坐北朝南，有圍牆環繞，前後有院。屋頂採用日本黑瓦片，牆面是木造雨淋板，門窗多為木製窗櫺、日式拉門，地板為了通風乾燥，墊高約二公尺。整體外觀形貌與室內空間形態，皆以日式為主。

三條派出所在日治時代昭和八年（一九三三年）遷移改建於此，名為「三條圳警察官吏派出所」。國民政府來台，改為「北斗警察分局三條派出所」。派出所的地上物是日本政府斥資興建，土地卻屬私人。民國九十九年地主原本要求拆屋還地，經法院判決勝訴後，溪州鄉長黃盛祿及多名文化界人士積極奔走，為老建築請命，後經縣府文化局指定為縣級暫定古蹟，歷史建物終獲保存。

派出所正門的老榕樹修剪得非常優雅，一旁高大壯碩的芒果樹，已有八十多年歷史，一如巨人警衛般鎮守於大門。老芒果樹下見一隻水牛，優遊自在地臥於田水中，這是田尾藝術家謝釋龍以泥塑製作，且水牛身旁停有兩隻泥塑白鷺鷥，充滿農村風情的泥像，為三條派出所更增添了藝術美感。

騎車經過三條派出所，附近有幾幢殘破荒蕪的日式建築，打

三條派出所門前的芒果樹。

圖／黃文吉、劉克敏　提供

日治時代三條派出所。圖／溪州鄉公所網頁　提供

聽之後，才知道它過去是三條國小教職員宿舍。至今已有九十多年歷史，日治時代有六棟建築，目前仍保留兩棟。據說民國一〇六年在三條國小開會，討論過老屋的活化與修繕問題。

老建築拆除，就永遠消失了。如今，溪州糖廠的日式建築全被拆光，溪州人走過的繁華歲月，沒有留下任何先民的痕跡。幸好，三條派出所妥善保存下來，且仍繼續使用。附近的三條國小教職員宿舍，是溪州僅有的日式宿舍群，相關單位應及時挽救與維護，讓老屋在農村創造新的價值與文化。

全國最美的校樹——百年老榕

台北的朋友拿了報紙剪報給我，內容報導溪州鄉三條國小的一棵百年老榕，榮獲「全國最美的校樹」的特優獎。家鄉居然隱身一棵最美校樹，我決心下回返鄉，一定要去看看。返鄉時候，我們騎著鐵馬，在藍天稻浪裡穿梭，阿吉以手機的GPS做引導，找到了三條國小。取得校方同意，我們終於見到了溪州最年長的榕樹爺爺。

百年老榕在校門口迎接學生。
圖／黃文吉、劉克敏　提供

老榕的腰圍粗壯，樹蔭濃茂，看得出歲月的痕跡，它像一支綠色的大傘，日夜遮護著校園。三條國小創校至今七十多年，根據地方耆老的記憶，創校之前，老榕樹就已存在了。林淑貞校長說：「老榕樹**平時是師生乘涼、遊戲、陪孩子們念書與練習音樂的地方。校友們回**

到母校，一定會在榕樹下合影留念。」林校長親切的邀請我們一起入鏡，老榕樹成了校園最美麗的背景。

每天上學時間，著一襲洋裝的林校長，總是在榕樹下吹奏薩克斯風，她說：「我以輕快樂曲來迎接學生，帶給孩子們一天的好心情。」多年來，老樹伴隨無數的學生入學、成長到畢業，是師生心目中的守護神。

民國一〇五年老榕被福田樹木保育基金會評選為「全國最美的校樹」的特優獎。林校長說明這次評選共有十三個縣市，數百間學校參加角逐。評分標準以樹形、樹勢及樹木健康狀況占一半的比重，另外樹木保育課程活動、老樹的歷史、與在地互動及養護紀錄也是評分重點。

三條國小的百年老榕，也稱為「百榕」。樹冠枝葉繁茂，外型近似成功大學的百年榕

三條國小的百年老榕。圖／黃文吉、劉克敏　提供

樹。國泰人壽一九九五年捐出一百萬元認養成大老榕，並將其作為企業商標，之後，成大這棵老榕的知名度一夕爆紅，成為許多遊客慕名來拍照打卡的景點。

也有「小國泰樹」之稱的三條百榕，樹齡超過百年，樹高十公尺，樹冠達三十公尺，歷經無數次的風吹雨打，仍屹立不搖。這棵百年老榕，雖然沒有大企業的贊助，也缺少絡繹不絕的遊客參訪，但是它不分晴雨，不畏風寒，每天在三條國小校門口守護著全校師生，它已是歷屆學生的精神象徵，就如林校長所言：「三條國小老榕樹的勝出，最重要因素，是它與師生之間的互動與情感。」

要不是朋友的一張報紙剪報，我可能沒有機會來到三條村，也不知道三條國小有一位百歲榕樹爺爺，更不曉得這棵百年老榕樹傘如蓋、樹形優美。有一句廣告詞「世界越快，心則慢」，溪州農鄉的好風景，猶如一塊璞玉，必須放慢步伐，停駐下來，才能欣賞它獨特的美感。

百年老榕樹，榮獲全國最美校樹特優獎。

圖／黃文吉、劉克敏　提供

潮洋村的百年木棉。圖／黃文吉、劉克敏　提供

全鄉最老的樹爺爺——百年木棉

兒時玩伴傳來一張她在林初埤木棉花道的照片，兩旁的木棉花盛開，像火焰一般燃燒到無盡伸延的遠方，朋友的笑容如木棉花一般的燦爛。這條木棉道位於台南白河區，曾在二〇一五年被網站評選為世界最美的十五條花道之一。

彰化埤頭鄉東螺溪畔也有一條綿延五公里的木棉花道，與溪州鄉毗鄰。春天時節六百多棵木棉燃起火紅的道路，非常壯觀。今年春末我和阿吉輕騎鐵馬，沿著溪畔的自行車道，來到這裡觀賞木棉花開。然而鏡頭裡的木棉道，有一排的木棉樹梢可能怕妨害電線，全被砍了一截，呈現很不協調的畫面。

聽說**潮洋村有一株樹齡一百三十年的木棉樹，是溪州鄉最年長的樹爺爺，百年來被當地人視為守護神**。我們特地騎車尋訪，到了潮洋國小，警衛告訴我們，老樹是在校園圍牆外面。我們繞到學校後方，看見了這棵百年樹爺爺，旁邊有一棵較小的木棉樹，也有五十年樹齡。老樹高大壯碩，枝葉繁茂，樹身繫上紅布條，表示村人已奉祂為樹神了。老樹旁立有一塊阿彌陀佛石碑，供居民膜拜。

相傳清朝年間，東螺溪改道造成潮洋村水

溪州鄰近的埤頭木棉花道。圖／黃文吉、劉克敏　提供

患不斷，後經高人指點：「這裡的地理如龍船入穴，沒有繫船樁，將船固定，所以船身容易搖晃，造成潰堤。」在地仕紳蔡發在光緒十四年（一八八八年）移植一棵木棉，當作繫船樁將龍船固定，從此當地未再發生水患。早年醫藥缺乏，有人生病，刮下這棵木棉樹皮當藥引，後來果真治癒。木棉樹治水醫病的傳奇故事不脛而走，木棉樹在台灣又名斑芝棉，潮洋居民稱此樹為「斑芝公」，視如神明般膜拜。

「這棵木棉老樹公高六層樓，樹徑寬達一米二，樹冠幅度更是超過二十公尺。每當花開時候，就像一盞明燈照耀，從半里外的濁水溪堤岸，都遠望得見。」潮洋村村長孫樹生說。村長小時候聽說大雨來襲前，斑芝公會化成紅燈籠，繞巡村莊，默默地保護村民。

一些鄉野傳奇，雖為木棉老樹增添幾許神秘色彩，但是當年東螺溪改道，造成河水氾濫，導致土地流失、居民流離遷徙的史實，證明先民渡海來台，開墾家園的艱苦過程。歷經百年風霜的老木棉樹如今仍然昂首矗立，每年依大自然時序花開花謝。**白河木棉道被列為世界級的花道，可謂「數大即是美」，潮洋百年木棉則以「樹大即是美」的姿態，一株獨秀，也值得觀賞。**

路旁盛開的黃花風鈴木。圖／溪州鄉公所網頁　提供

最美的春光——黃花風鈴木

有一年的三月時節，大哥大嫂來溪州玩，打算在老厝住幾宿，體驗一下農村生活。第二天一早，大嫂一臉睏倦：「我被隔壁的雞叫聲，吵了一整晚沒睡。」「而且這些雞每隔十五分鐘啼叫一次。」大嫂說她整晚盯著手錶看時間，不是胡說。兄嫂收拾完行李匆匆離開，我只好陪他們到附近的西螺小鎮逛逛。

車子由老家坑厝村轉入省道台一線，行至中山路時，我們同時驚呼：「哇！好美啊！」沿路兩旁的行道樹，開滿了燦爛的黃花，而且車子行駛了二、三公里，鮮麗的黃花依舊伸張手臂迎接。大嫂說：**「這是什麼花啊？我們好像到了國外。」一路的黃花驚豔，讓人有異國風情的錯覺。**美麗的黃花似乎有療癒的效果，大嫂一路上有說有笑，精神很好。

三年前的仲春時節，我帶三十四位朋友來溪州二日遊。遊覽車由台一線進入溪州，也是一陣驚呼聲：「哇！什麼花啊！這麼漂亮！」大伙要求駕駛立即停車，讓他們下車拍照。行程上雖然延誤了一些時間，但是預期之外的美景，才是旅途中最迷人的。

三十年前台一線進行道路拓寬，政府從國道1號高架橋下至轉往溪州大橋前路口，道路兩旁種植近三百棵黃花風鈴木。每年三月花苞盛開，整條台一線猶如黃金廊道，景色獨特。有的遊客甚至會登上僑義國小門口的天橋，拍照留影。有的則拿起畫筆，取景寫生。

黃花風鈴木原產於南美洲，是巴西的國樹，又名金風鈴。花型類似風鈴狀，花期不長，大概只有十天而已，近年成為中部地區熱門的行道樹。因為是葉落後開花，才會有一樹金黃，一路璀璨的美感。

今年三月和阿吉返溪州辦事，住了三天即匆忙返北。回到台北，才知道溪州的黃花風鈴木正是盛開，錯過了一年一會的花期，阿吉頗感悵然，因為這位溪州子弟，未曾欣賞過美麗的黃金大道。這次返鄉卻失之交臂，只好期待來日了。

彰化縣的黃花三部曲：溪州、芬園、二水，是一些黃花粉絲每年必追的地方。來溪州拍過黃花風鈴木的朋友，都知道最好拍的角度，是在僑義國小前的天橋上空拍。俯觀綿延的黃金大道，成了人們臉書上大推的主角。

若不是兄嫂來溪州，若不是車行台一線，若不是花期正開，可能我和黃花風鈴木永遠擦

一路的黃花驚豔。圖／溪州鄉公所網頁　提供

肩而過，緣慳一面。許多的巧合，讓那年的旅途增加了驚喜，我將預約每年的春天，和溪州的黃花風鈴木相會。

最紅的夏景——鳳凰花隧道

鳳凰花隧道入口。圖／黃文吉、劉克敏　提供

我出生在台南，記得童年時候，台南有些行道樹種植火紅的鳳凰木，學校的鳳凰木長得既高又壯。每當鳳凰花開的時節，我和玩伴蹲在地上，把掉落的花瓣做成蝴蝶、花環。如今，重返兒時故鄉，卻難以尋回那一大片火紅的蹤影。

成為溪州媳婦之後，聽說溪州和田中、二水的交界處，有一條名叫「綠筍路」的鳳凰花隧道。多年前，我和阿吉返鄉的路上，臨時起意要去看鳳凰花。行駛在故鄉的土地上，卻遍尋不著「綠筍路」。巷弄間穿梭往來許久，終於看到了鳳凰花隧道。雖然花期已過，翠綠的鳳凰木往遠方無盡延伸，景觀非常獨特，當時以手機捕捉了不少的鏡頭。

每年夏季兩公里長的綠筍路，鮮明的紅花綠葉，讓一千多棵的鳳凰木，交織成色彩繽紛的鳳凰花隧道。今年五月我和阿吉騎鐵馬趕赴一年一期的盛會，我們從坑厝村出發，阿吉以手機導航，一路費力的踩著老爺單車，炎炎赤日下，再度尋訪秘境。當看到巨石上鐫刻「森之炎」的隧道入口時，我已汗流浹背、雙腿無力了。

「哇！鳳凰花開了！」頃刻間，在外子的家鄉捕捉到我童年的記憶。**繁花與時光交疊的隧道間緩步慢騎，清涼自在的舒適感很快驅走了暑熱與疲憊。**花道兩旁另設有馬賽克拼貼的藝術座椅，和周圍的樹景相映成趣。

「咦！這幾棵並排的鳳凰木怎麼被砍了？」路旁有幾株僅剩樹頭的鳳凰木，我不解的問。

「唉！報紙登載過這則新聞。因為鳳凰木的樹蔭會影響農作物，有些農民以燒樹、剝皮或樹身鑽洞，注入有毒液體方式毀樹。」阿吉氣憤的說。

因為私利而讓美麗的行道樹出現了中斷的畫面，鄉民以此為榮的景點被蒙上了汙點，令人深感無奈與惋惜。況且行道樹屬於公有財產，任意破壞是違法的行為。

昔日綠筍路沒有路名，僅是一條田間小路，因為兩旁種植木麻黃，居民稱之為「麻黃路」。民國八十九年，溪州鄉公所提報綠美化計畫時，向中央爭取經費，將原來的木麻黃改種鳳凰木。

近年，鄉公所開始在綠筍路上舉辦各種活動，讓「鳳凰花隧道」成為溪州的觀光景點。如鄉公所舉辦全國首創全鄉聯合畢業典禮，有十一所國中、小學的畢業生，攜手漫步在鳳凰花隧道，這是非常特別的畢業巡禮。

每當五月至七月畢業季節到來，嬌豔的紅花似火，點燃了兩旁的鳳凰花隧道。有不少人在樹下拍照取景，鮮明的紅綠樹影，成為溪州之行最亮麗的回憶。

鳳凰花隧道。圖／黃文吉、劉克敏　提供

附錄：溪州走透透——旅遊溪州超實用指南！

交通資訊

一、自行開車

1. 南下：下北斗交流道，接省道台一線後，左轉中山路三段。
2. 北上：下西螺交流道，往溪州方向，過溪州大橋，省道台一線直行，右轉中山路三段。

二、搭乘客運

1. 搭乘員林客運：從員林站搭乘「員林經溪州往二林」路線，於溪州站下車。從溪州站搭車，有「溪州往西螺、斗南、民雄、嘉義」、「溪州往北斗、員林、彰化、台中」、「溪州往竹塘、二林」三條路線。
2. 搭乘「8路」公車：從台鐵田中站或高鐵彰化站搭乘，於溪州站下車。
3. 搭乘日統客運：搭到北斗站，轉乘計程車到溪州。

三、搭乘高鐵

1. 搭到彰化站，再轉乘「8路」公車，於溪州站下車。亦可轉乘計程車到溪州。高鐵停靠彰化站的班次較少，但距離溪州最近。
2. 搭到台中站，再搭台鐵到員林站或田中站，再轉乘客運到溪州。高鐵停靠台中站的班次較多，但轉乘較花時間。

四、搭乘台鐵

1. 搭到員林站，再轉乘員林客運到溪州。台鐵停靠員林站班次較多，轉乘客運還算便利。
2. 搭到田中站，再搭乘「8路」公車到溪州。台鐵停靠田中站班次較少。

五、溪州鄉主要道路

1.中山高速公路：高速公路下交流道，可接溪州鄉。

2.省道台一線：貫穿鄉境，北達北斗鎮，南經西螺大橋進入雲林西螺鎮。

3.中央路：由溪州市街，經三圳村到潮洋、張厝二村，沿濁水溪堤岸向東，可至二水鄉。

4.中山路、莒光路：是本鄉的主要商店區。

5.陸軍路：來往北斗鎮的要道。

6.溪下路：沿著莿仔埤圳，為溪州橫向連結的主要道路。

節慶活動

一、花季

【二月】

溪州花博公園（農曆過年，初一起有九天的花卉展覽）

【三月】

1.黃花風鈴木：台一線，溪州鄉至西螺段

2.木棉花：

(1)潮洋百年木棉（潮洋國小後方）

(2)大庄百年木棉樹（大庄村莊尾巷）

(3)東螺溪畔木棉花道（溪州與埤頭交界）

3.艷紫荊、羊蹄甲：莿仔埤圳旁

4.苦楝：溪州森林公園、東螺溪北岸

【五月至七月】

鳳凰花：鳳凰花隧道（綠筍路）

二、黑泥季

【十月】

每年十月於溪州森林公園舉辦黑泥季活動（遊樂園、運動會、趣味競賽）、創意踩街、市集活動、美食攤位、講座藝文展覽及音樂晚會。

三、廟會活動

1.**【農曆二、三月】**

「大甲媽遶境活動」，長達九天八夜，往返路線必經溪州，並在指定的宮廟停駕。

2.**【農曆三月二十三日】**

「媽祖誕辰」，俗稱「媽祖

生」。村民在自家門口擺設香案供品，如壽桃、麵線、水果及金紙。祈安繞境活動，神明經過時，趕緊合掌拜拜。

3.【農曆七月十五日】

「中元普渡」，是祭祀亡靈，祈求平安的祭典。有些村莊設有肉山祭壇，如溪州村、溪厝村及坑厝村陳列的肉山祭品，非常壯觀。

4.【農曆十月】

「謝平安」，秋收後農民向天表示豐收感謝，各村都有拜拜、演戲等酬神活動，日期不固定。

溪州小旅行&農村體驗活動

農村體驗活動包括：野地焢土窯、農村水田生態導覽、採集植物與野草、農家米食手作、收割慶豐收、芭樂採果趣、療癒系水牛互動、咖啡手作麵包體驗……等。溪州盛情邀請您與家人和朋友一起來參與！陸續推出的精彩活動預告，請持續關注〈我愛溪州 I Love Hsichou 臉書〉。

一、【溪州私房小旅行】

百年老旅社深度導覽溪州歷史、與水牛互動，徒手製作牛糞燻蚊餅、採摘草生栽培無毒芭樂、喝杯現採芭樂原汁。

（將不定期更換私房地點，想自行開團者，請洽詢04-8894423）

二、【濁水溪芭樂Song——揪團採果趣】

堅持不用除草劑，以草木共生方式種植無毒芭樂，滿十人即可揪團採果，或直接訂購。LINE：0937796040；網址：https://goo.gl/Gqaquu

三、【野草三部曲】

親手製作消暑野草飲和蔬食紫蘇飯糰、認識植物、採集植物作植感提袋。

四、【純園音樂會】

地點：溪州鄉圳寮村，純園

地圖連結https：//goo.gl/ea9F7e

五、【豐收一把黃澄稻香】

認識稻田和田間生物、品嚐刈稻飯、稻稈大變身、麻糬點心DIY。

六、【收割後的慶典——焢窯唷】

農田裡以土塊堆砌土窯、米食料理DIY、稻稈工藝、田裡彩蛋。

七、【來去農鄉住一晚】

想參加兩天一夜的溪州之旅，每團十人上限，歡迎揪團，請洽：https：//goo.gl/VwiFLb或大圳屋、溪州尚水友善農產、農用書店（04-8894423成功旅社洽）

美食介紹

一、羊肉爐

溪州羊肉爐店有多家，當日現宰的黑山羊皆限量供應。肉質軟嫩鮮甜，口感十足，沒有腥羶味。一般羊肉爐有麻油藥膳與薑絲清湯二種。另外還有蘆筍苦瓜清燉、菜豆仔古早口味、麻油薑片清燉蘿蔔…湯頭項目繁多。除了羊肉火鍋之外，也有炒羊肉、羊心、羊腸、羊肚、麵線等料理。

1. 阿每溪州土羊肉
中山路三段533號
04-8898108

2. 黃水萍土羊肉
莒光路737號　04-8897034

3. 溪州呂羊肉爐
莒光路117號
04-8890200

4. 坤聰羊肉店
中山路三段505號
04-8896077

5. 溪州羊肉店
中山路三段669號
04-8897490

6. 溪州羊肉城
溪厝村中山路二段229
04-8894188

7. 隨意吃羊肉店
舊眉村溪斗路288巷178-1號
04-8894797

二、阿婆間嵋麵

「鹹菜豬腸湯」和乾意麵是絕配，鹹菜和軟硬Q彈的小腸，湯頭清而不膩，並夾著一股清淡的當歸酒香。另外小腸麵線糊、麵食都各有特色。

•中央路(市場口),中央路三段365號

三、阿婆暖心麵攤

阿婆的鮮魚湯、麻油麵線、古早麵,是許多溪州遊子返鄉的美味記憶。

•地點位於阿婆閒嵋麵隔壁,健中路62號

四、校園麵店

招牌古早味糯米腸香Q好吃,有糯米腸、餛飩湯、肉羹麵食、滷味和黑白切小菜。

•慶平路111號 04-8894821

五、阿模米糕店

手工米糕口感軟Q,煎過的油蔥粿香酥Q彈,沾醬味美。炒蚵仔麵清甜可口,還有肉羹麵飯和各類湯品。

•健中路74號 04-8895553

六、外省麵

麵條自製,乾麵醬料好吃,當天現滷的滷味,有豆包、腱子肉、大腸頭……。滷味道地味美。

•中興路24號 04-8891332

七、朱家炒麵

有油蔥粿、炒麵。老闆每天一早用在來米蒸炊油蔥粿,油蔥粿不用油煎,白嫩而不油膩,便宜又好吃。

•健中路47號

八、組羊肉羹

有羊肉羹和魷魚羹(麵、冬粉、米粉),評價不錯,和一般肉羹滋味不同。

•中山路三段363號 04-888888

九、溪州和記

有各類麵食,米苔目好吃,滷味和小菜爽口不油膩。

•慶平路149號 0927-525-552

十、素食店

1.天然素食:有好吃的麵食、素粽、藥膳補湯、豆包、菜捲,素排骨酥……,多手工自製,還有店家自製的香椿辣椒醬,非常好吃。

•健中路37號 04-8896305

2.早餐素食:自製素米糕、素麵食、當歸湯,老闆服務親切。

•地點在溪州國中對面

3.越南蘭婷素食:吃素多年的

越南女孩經營的麵店。有越式番茄湯麵、越式紅燒湯麵或河粉、越南炒飯及小菜。

• 地點在市場旁
慶平路93號 0983-026-227

十一、溪州古早味圓仔冰

現做現煮的圓仔，沒有加防腐劑與添加物，可挑選店家自製的配料，再加上剉冰，有濃濃的古早味。

• 中央路（市場口），地點位於阿婆閒嵋麵對面。
中央路三段363號
04-8891898

十二、越南餐廳

老闆娘嫁入台灣十多年，在越南曾經營小吃。紅燒牛肉河粉最受歡迎，還有海鮮河粉、烤斑鳩、春捲、有餡料的法國麵包、越式熱炒、涼拌和炒麵飯類。

• 中山路三段436號
0986-952-695

十三、阿德生魚片

提供生魚片和其他熱炒和炒麵，夏天有生啤酒，二樓有冷氣，只有晚上營業。

• 慶平路95號

十四、光輝小吃部

有各式熱炒，也可點不同價格的桌菜。

• 中山路三段336-350號
04-8897341

十五、喬咖啡夢想屋

自家烘焙咖啡豆、手做吐司、甜點，老闆將在地農產做成美味私房餐點和料理，一個有溫度和故事的咖啡店。

• 光路72號 0935-158-189

十六、鴻林複合式餐廳咖啡館

主人經營園藝，餐廳布置極為雅致。餐點為手路菜，菜色樸實美味。有套餐、桌菜和各種咖啡飲品。

• 舊眉村中山路四段201號
04-8891881

十七、木屋咖啡館

餐廳氣氛優雅舒適，適合團體聚餐聊天。庭園寬敞，有各式套餐、簡餐、素食、焗烤和火鍋以及各種冷熱飲料。

• 舊眉村溪斗路172號
04-8891138

十八、DawnBakery甜點店

甜點有蛋糕、慕斯、布丁、

餅乾類等，料好實在，價格優惠，現場無販售甜點，可以FB或是電話方式預約訂購。

• 登山路四段439號
0979-290-192

住宿指南

1.大圳屋

每晚一人收五〇〇元，房間三間，可住十人。

對農村有興趣的青年打工換宿或是想要體驗農村文化者，皆歡迎入住。所有營收都作為溪州農村文化發展基金。

大圳屋民國五十七年完工，建築具有現代主義風格。第一代屋主是糖廠牙醫。莿仔埤圳產業協會將荒廢老房子改造為合法民宿，老屋和庭院讓人重返過去美好的歲月。

• 彰化縣溪州鄉尾厝村村市路3號
04-889-4423 成功旅社接洽

2.木屋咖啡民宿

主要提供木屋住宿、露營帳篷和咖啡簡餐。房間四間，有二至四人房。

占地七百坪的木屋咖啡館，前後方是寬敞庭園，設有兒童安全遊樂設施，並規劃露營區、焢窯區、炭烤自助區、火龍果園和撞球桌、桌球桌、健身器材等休閒運動空間，適合親子或公司團體住宿旅遊的地方。

• 彰化縣溪州鄉舊眉村溪斗路172號
04-889-1138、0934-171177

3.松柏民宿

房間五間，每間可住二至四人，團體也可包棟。

松柏民宿位於溪州鄉、田中鎮及二水鄉交界處，提供安全舒適的居住環境。附近有許多登山步道、農場及旅遊景點。

• 彰化縣溪州鄉政民路287巷9號
04-8794858

溪州鄉市區街道圖

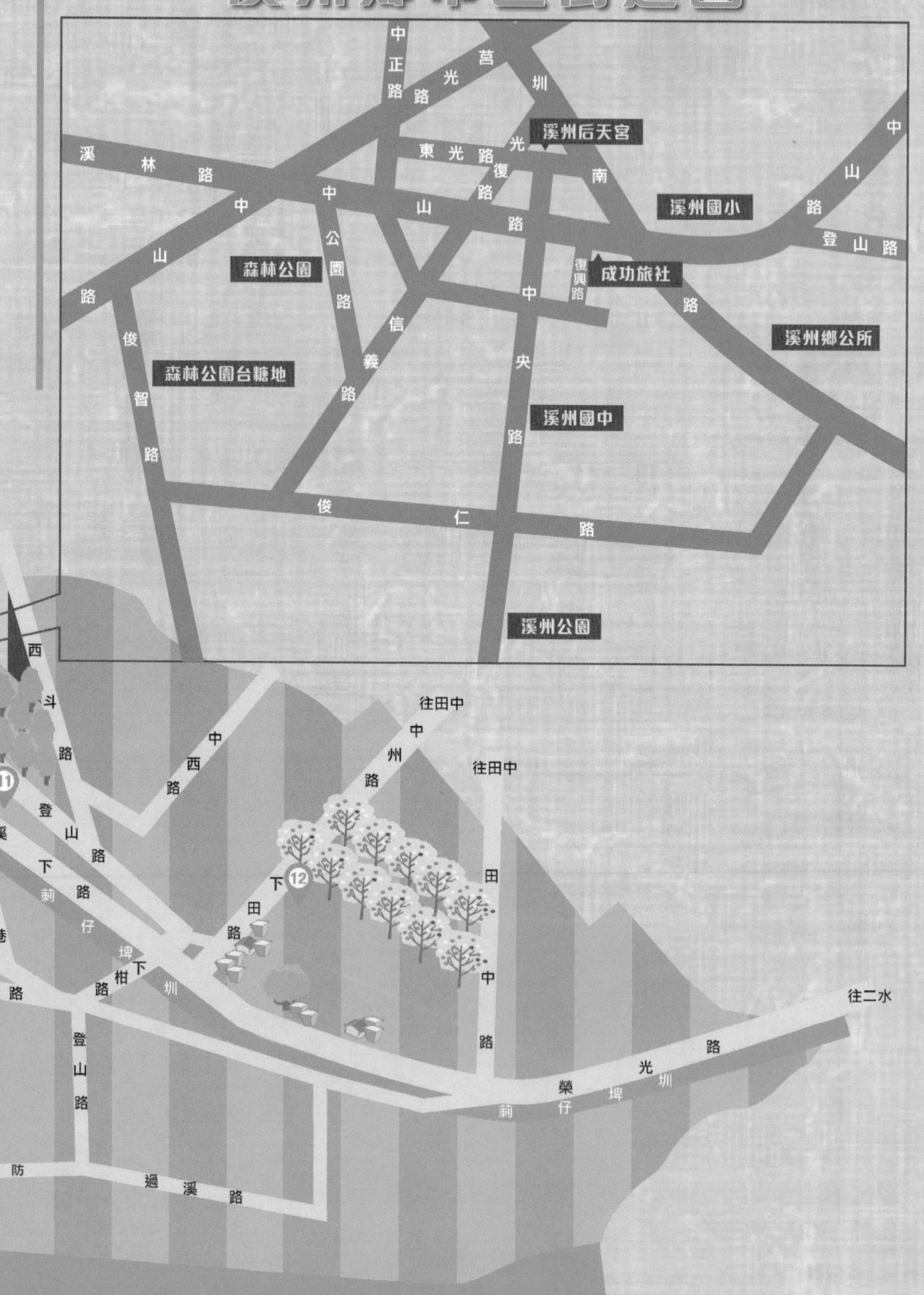

溪州后天宮
溪州國小
成功旅社
森林公園
溪州鄉公所
森林公園台糖地
溪州國中
溪州公園
溪林路
中山路
中正路
莒光路
東光路
復興路
中央路
信義路
俊智路
俊仁路
登山路
西斗路
中西路
中州路
往田中
往田中
中田中路
下田路
溪下路
東格巷
溪路
莿仔埤圳
下柑圳
登山路
往二水
榮光路
莿仔埤圳
堤防
過溪路
濁水溪

溪州

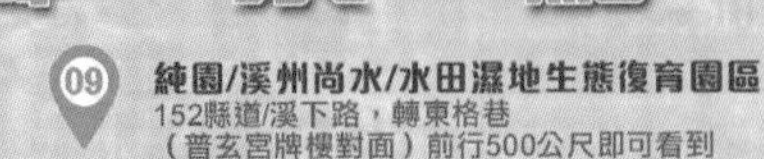

01 **溪州后天宮**
彰化縣溪州鄉東光路20號
04-8895014

02 **成功旅社．農用書店**
彰化縣溪州鄉復興路50號
04-8891262

03 **森林公園**
彰化縣溪州鄉公園路

04 **溪州公園**
彰化縣溪州鄉中央路三段138號
04-8899812

05 **苗木園區**
彰化縣溪州鄉苗專二路251號
04-8804558#41

06 **三條派出所**
彰化縣溪州鄉南九甲巷5號

07 **黃花風鈴木**
台一線溪州鄉至西螺大橋段

08 **萬景藝苑**
彰化縣溪州鄉中山路四段68號
04-8890381

09 **純園/溪州尚水/水田濕地生態復育園區**
152縣道/溪下路，轉東格巷
（普玄宮牌樓對面）前行500公尺即可看到

10 **潮洋百年木棉**
潮洋村陸軍路一段146號（潮洋國小後方）

11 **靜心園**
彰化縣溪州鄉登山路三段301號

12 **鳳凰花隧道**
彰化縣溪州鄉綠筍路

13 **西螺大橋**

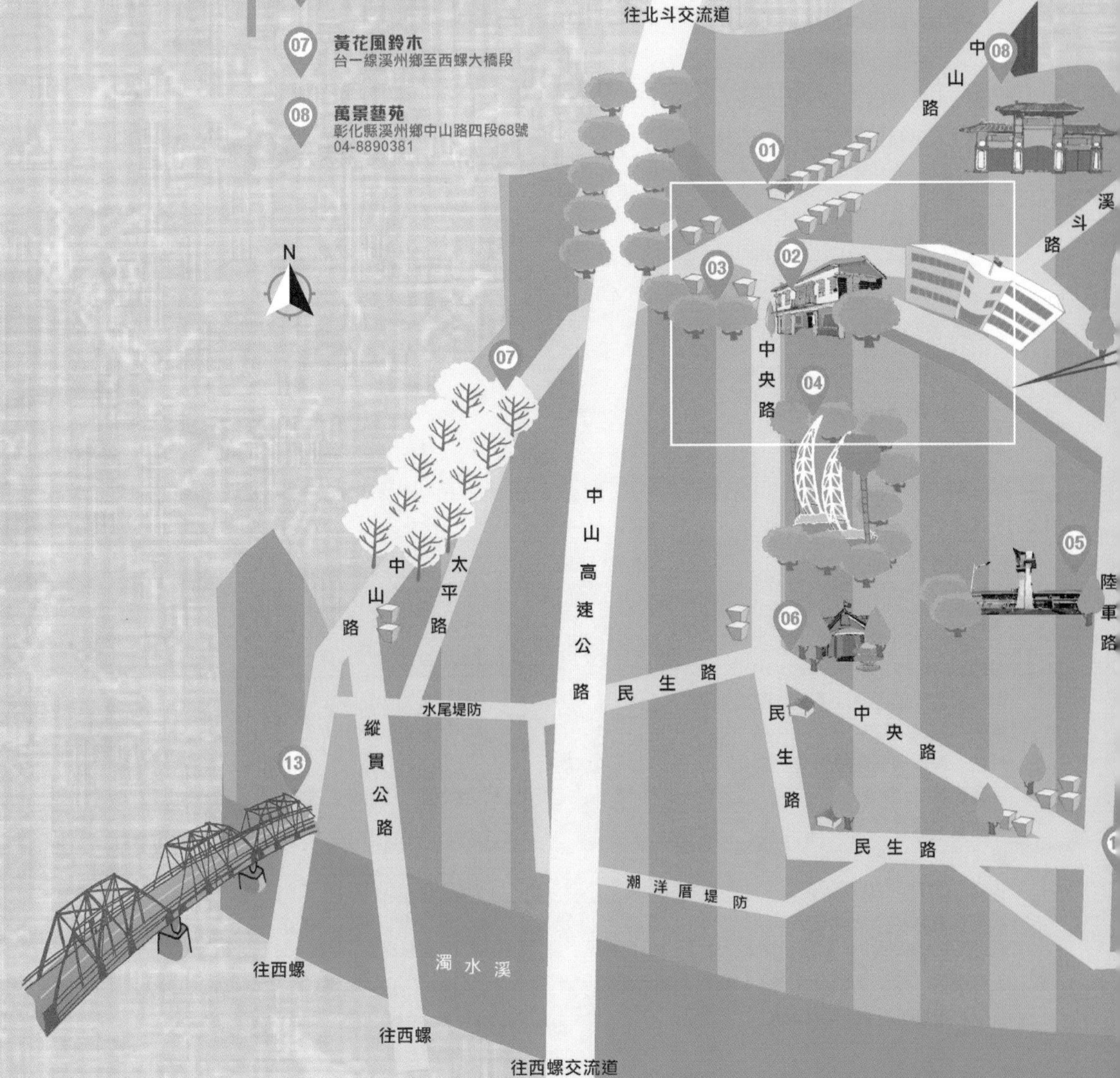

溪州鄉景點地圖。圖／溪州鄉公所網頁　提供

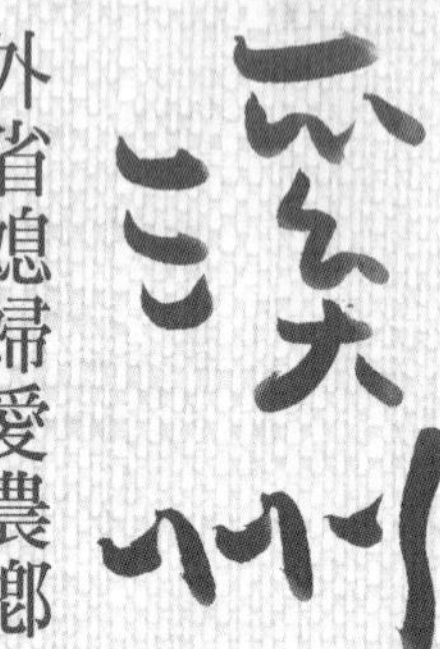

外省媳婦愛農鄉

作　　者｜劉克敏
責任編輯｜楊芳綾
發 行 人｜陳滿銘
總 經 理｜梁錦興
總 編 輯｜陳滿銘
副總編輯｜張晏瑞
編 輯 所｜萬卷樓圖書股份有限公司
排　　版｜菩薩蠻數位文化有限公司
印　　刷｜森藍印刷事業有限公司
封面設計｜菩薩蠻數位文化有限公司
發　　行｜萬卷樓圖書股份有限公司
台北市羅斯福路二段 41 號 6 樓之 3
電話 (02)23216565
傳真 (02)23218698
電郵 SERVICE@WANJUAN.COM.TW
香港經銷｜香港聯合書刊物流有限公司
電話 (852)21502100
傳真 (852)23560735

ISBN：978-986-478-204-8
2018 年 9 月初版一刷
定價：新台幣 340 元

如何購買本書：

1. 劃撥購書，請透過以下郵政劃撥帳號：
   帳號：15624015
   戶名：萬卷樓圖書股份有限公司
2. 轉帳購書，請透過以下帳戶
   合作金庫銀行 古亭分行
   戶名：萬卷樓圖書股份有限公司
   帳號：0877717092596
3. 網路購書，請透過萬卷樓網站
   網址：WWW.WANJUAN.COM.TW
   大量購書，請直接聯繫我們，將有專人為您服務。
   客服：(02)23216565 分機 610

文化生活叢書 · 藝文采風 1306023

入門溪州：外省媳婦愛農鄉 / 劉克敏作. -- 初版. --
台北市：萬卷樓, 2018.09
　面；　公分.
ISBN 978-986-478-204-8 (平裝)
1.人文地理 2.彰化縣溪州鄉

733.9/121.9/145.4　　107014353

作者於國中教師退休之後，仍蟄居台北，卻喜歡帶同事和朋友到溪州——外子的故鄉遊覽，並且愛騎單車穿梭於田園村莊之間。

她發現農鄉悄悄翻轉，鄉民抗爭強權，護水護土，並推廣友善耕作，家鄉正在醞釀一股改變的向上力量。

書中娓娓道出農村生活與特產、做人實在的鄉民、在地古蹟及風景，篇幅不長，題材豐富多元，是一本有知性、有溫度的入門書籍。

一個外省都會媳婦，入門溪州農鄉之後，會發生城鄉文化上什麼樣的衝撞？
她如何將好奇與熱情，幻化成文字，引領讀者體驗濁水溪畔的生活與文化。

字裡行間充滿作者熱愛農鄉，以及永續農業的期待。——吳晟（作家，溪州人）

具有鄉誌及旅遊導覽的雙重價值。——林明德（中華民俗藝術基金會董事長）

內容豐富，是台灣農鄉的縮影。——林慶彰（中央研究院研究員）

文字生動有趣，是鄉土教育的優良讀物。——周益忠（彰化師大文學院院長）

書寫農鄉，面面俱到，頗有可讀性。——康原（作家）

讓我更了解家鄉，也讓外地人認識溪州。——許秀英（僑義國小校長退休，溪州人）

寫家鄉的人事地物，親切有味。——黃雅莉（清華大學教授，溪州人）

外省媳婦的農鄉生活體驗，新奇與美感兼而有之。——蕭蕭（作家）

ISBN 978-986-478-204-8
00340
9 789864 782048
書號 1306023　定價 340